불교입문

불교로 들어가는 문

고영섭 저

씨
아이
알

불교입문 불교로 들어가는 문

서문

홀로 한 고요한 곳에서 오로지 정밀하게 사유하자!

　불교에는 중도 연기의 지혜를 간직한 보물창고가 있습니다. 거기에는 올바른 삶의 방식과 올바른 앎의 방법이 담겨 있습니다. 그렇다면 어떻게 해야 우리가 보물창고에 다다를 수 있을까요? 우선 보물창고에 들어가는 지형도와 실제적으로 들어가는 방법론이 필요할 것입니다. 지형도와 방법론은 붓다와 붓다의 가르침의 문에 들어가는 나침반이자 견인차겠지요. 일단 우리가 일주문을 들어가 천왕문을 넘어서 해탈문(불이문)을 지나야 대웅전(대적광전)의 보물창고에 닿을 수 있습니다. 그렇다면 입장료만 지불하면 각 문을 통과하고 그곳으로 갈 수 있을까요? 그렇지 않습니다.

　먼저 심체(心體)의 멸상(滅相)이 실로 나쁜 것임을 알았지만 오히려 멸상이 꿈이라는 것은 아직 깨닫지 못한[不覺] 범부(凡夫) 정도의 사람이 일주문(一柱門)을 통과하기 위해서는 몸으로 짓는 과보인 살생(殺生), 도둑질[偸盜], 삿된 음행[邪婬], 말로 짓는 거짓말[惡口], 욕지거리[妄語], 이간질[兩舌], 허황된 말[綺語] 등 '전5식의 허물'을 제거하고 업의 과보를 믿고[信業果報] 능히 열 가지 선업을 일으켜[能起十善]

생사의 고통을 싫어하고[厭生死] 위없는 보리를 구하는[求菩提] 마음을 일으켜야 합니다. 그리하여 진리를 믿는 마음을 성취하여[信成就] 결정심을 일으켜[發心] 열 가지 안주하는 지위[十住]의 첫 단계인 발심주(發心住)에 들어갑니다.

이어 거친[麤] 집착상을 버리긴 했지만 아직 분별이 없는 깨침을 얻지 못한[相似覺] 이승의 관지(二乘觀智)와 초발의 보살 등(初發意菩薩等) 정도의 사람이 천왕문(天王門)을 통과하기 위해서는 애착하는 마음[貪], 미워하는 마음[瞋], 어리석은 마음[癡], 지나친 교만[慢], 인과의 의심[疑], 잘못된 견해[見] 등 '제6식의 모순'을 제거하고 바른 마음[直心], 깊은 마음[深心], 대비의 마음(大悲心)을 일으켜야 합니다. 그리하여 진리를 믿는 마음을 성취하여 결정심을 일으켜 열 가지 안주하는 지위의 다음 단계인 치지주(治地住)에 들어갑니다.

다시 비록 분별이 없는 깨침[無分別覺]을 얻었지만 아직도 생상(生相)의 꿈에 잠들어 있는 [隨分覺] 법신보살 등(法身菩薩等) 정도의 사람이 불이문(不二門/解脫門)을 통과하기 위해서는 무아의 도리를 모르는 번뇌[我癡], 내가 있다고 잘못 아는 번뇌[我見], 나라고 애착하는 번뇌[我愛], 스스로를 과신하고 드높이는 번뇌[我慢] 등 '제7식의 오류'를 제거하고 보시, 지계, 인욕, 정진, 선정, 지혜의 바라밀을 일으켜야 합니다. 그리하여 열 가지 이해[十解]의 자리에 있으며 아울러 열 가지 행[十行]을 성취하여 십행의 자리 중에서 법공(法空)을 잘 알고 법계(法界)를 수순하여 여섯 바라밀행[六度行]을 닦아서 육바라밀행이

순결해지고 성숙되어 회향심을 일으켜 회향의 자리에 들어갑니다.

또 다시 시각(始覺)과 본각(本覺)이 다르지 않은 도리에 의하는[究竟覺] 보살지가 다한[菩薩地盡] 정도의 사람이 대웅전(대적광전)으로 나아가기 위해서는 무명에 의해 불각(不覺)의 망념이 움직여 생멸을 일으키는 의식[業識], 망념의 움직임에 의해 능견(能見)을 이루는 의식[轉識], 능견에 의해 대상을 나타내는 의식[現識] 등 제8식에 남아있는 미세한 번뇌를 제거하고 진실한 마음[眞心], 방편의 마음[方便心], 업식의 마음[業識心]을 일으켜야 합니다. 그리하여 위없이 바르고 평등한 바른 깨침[阿耨多羅三貌三菩提]을 증득하려는[證] 마음을 일으켜[發心] 붓다의 자리에 들어갑니다.

이처럼 불교의 문에 들어가기 위해서는 일주문 → 천왕문 → 불이문(해탈문) → 대웅전(대적광전)으로 나아가는 동안 전5식의 허물 → 제6식의 모순 → 제7식의 오류 → 제8식의 번뇌를 제거해야 합니다. 동시에 신성취발심 → 해행발심 → 증발심을 통해 불각 → 상사각 → 수분각 → 구경각으로 나아가게 됩니다. 이것은 곧 범부인 → 이승관지와 초발의보살 등 → 법신보살 등 → 보살지진 등으로 나아가는 단계이자 차제입니다.

불교의 미술은 회화, 건축, 조각, 공예, 도자, 서예 등으로 구분됩니다. 이 중에서 절과 탑은 건축으로 분류됩니다. 절은 탑을 눕힌 것이고, 탑은 절을 세운 것입니다. 하늘로 세우면 기단부(지대석/하층/상층) → 탑신부(탑신석/옥개석) → 상륜부(노반/복발/앙화/보륜/보개/수

연/용차/보주/찰주)로 구성된 석탑이 되고, 땅으로 눕히면 일주문 → 천왕문 → 불이문(해탈문) → 대웅전(대적광전)으로 구성된 사찰이 됩니다. 그러므로 우리는 불교의 우주관인 수미산 세계관과 대승불교의 교과서인『대승기신론』교리체계의 대비를 통해서 불교를 전관해볼 수 있습니다.

불교는 불보-법보-승보의 삼보와 경장-율장-논장의 삼장과 계학-정학-혜학의 삼학으로 구성되어 있습니다. 삼보는 경배의 대상이고 삼학은 수행의 내용이며 삼장은 교리의 내용입니다. 삼장에서 경장은 붓다의 가르침을 담고 있습니다. 이 책은 붓다의 가르침을 쉽게 전달하고자 삼보와 삼장과 삼학 중 특히 삼장의 경장에서 주요 개념 52개를 뽑은 것입니다. 1년 52주 동안 1주에 한 개념을 '홀로 한 고요한 곳에서'[獨一靜處]에서 '오로지 정밀하게 사유하자'[專精思惟]는 마음으로 풀이해보았습니다. 인문학 도서 간행의 어려움에도 불구하고 인문도서를 간행해주시는 김성배 사장님, 박영지 편집장, 김동희 대리께도 감사의 말씀을 전합니다.

2016년 7월 16일
동국대학교 만해관 321호 書窟庵에서
還淨거사 高榮燮 근지

책머리에

'불교란 무엇인가'라는 물음은 가장 일반적인 물음이면서도 가장 본질적인 물음이 됩니다. 이것은 '붓다의 가르침'이라는 글자 그대로의 좁은 정의로부터, '붓다의 가르침에서 비롯된 불교 관련의 모든 문학·역사·철학·종교·예술 내지 정치·경제·사회·문화·과학 등의 제반 현상'이라는 넓은 정의에 이르기까지 매우 근원적이면서도 포괄적인 의미 공간을 점유하는 질문입니다.

모든 사상은 '앎'과 '삶'의 기호를 통해 그 내포와 외연을 그려냅니다. 앎은 우리의 '언어'라는 기제를 매개한 사량분별로부터 비롯되는 것이자 호모 에렉투스 이래 호모 사피엔스에 이르기까지 인간이라는 동물의 정체성의 근거가 됩니다. 삶은 앎을 근거로 하여 이루어지는 행위의 모든 것을 총칭합니다. 문제는 그 삶이 앎을 온전히 담아내느냐 담아내지 못하느냐에 따라 앎과 삶이 분리된다는 것입니다. 그러면 앎과 삶이 나뉨을 넘어 한 몸이 되기 위해서는 어떻게 해야만 할까요.

우선 앎에 대한 관찰과 삶에 대한 관찰을 통해 두 기호의 소통의 길을 찾아야만 할 것입니다. 앎이 삶을 소외시키지 않고 삶이 앎으로 부터 소외받지 않을 때 우리는 앎으로부터 해방되고 삶으로부터 해탈될 것입니다. 불교의 지향은 바로 '앎의 해방'과 '삶의 해탈'에 있습니다.

정월 초하루에 시작하는 이 조그만 '관찰'의 공부가 일 년 52주 동안 한 주 한 주 이뤄질 때 우리의 앎은 보다 활기차게 되고 삶은 보다 윤기 있게 될 것입니다. 한 주 동안 불교의 주요 개념(교리)을 '화두'로 삼아 홀로 한 고요한 곳에서(獨一靜處) 오로지 정밀하게 사유하거나(專精思惟), 또렷또렷하고(惺惺) 고요고요하게(寂寂) 의단을 챙겨갈 때 우리의 지혜의 빛(깨달음)이 비로소 열릴 것이라 기대하면서 지은이 역시 앎과 삶의 관찰에 더욱더 매진할 것을 다짐합니다. '관찰'은 불교 수행의 출발이자 끝입니다. 우리의 관찰이 자나 깨나 한결같을 때(寤寐一如) 우리의 앎은 더욱 '밝게'되고 우리의 삶은 더욱 '사이좋게'될 것이라 확신합니다.

2004년 8월 15일
광복 60년을 맞아
蔓山艸堂 放鶴庵에서
高榮燮은 삼가 씁니다.

차 례

불교입문

불교로 들어가는 문

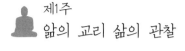

제1주
앎의 교리 삶의 관찰

發 발
菩 보
提 리
心 심

우리 주위엔 불교 교리에 관한 많은 책들이 있습니다. 그중에는 전문 학자가 쓴 '개론'이 있는가 하면 전문독자가 쓴 '해설'도 있습니다. 또 사상가가 쓴 '강해'가 있는가 하면 포교사가 쓴 '강론'도 있습니다. 모 두들 전문 지식을 총동원하여 펴낸 저술들입니다.

이 가운데에는 서점 구석에서 먼지를 뒤집어쓰고 있는 것도 있지 만 이미 이 분야의 고전이 되어 지금도 꾸준히 읽히는 저술도 있습 니다. 그동안 이런 책들이 셀 수 없는 이들의 눈과 귀와 마음을 씻어 주어 왔습니다. 그리고 이들 저술에 힘입어 불교공부를 시작한 전문 학자들도 있습니다.

그렇다면 '이렇게 많은 책들과 저의 글은 어떻게 달라야 하는가', '해당 교리를 어떻게 파악하고, 어떻게 해석하며, 어떠한 사관 위에서 풀어내야 하는가', '불교적 세계관 위에서 인간과 세계 그리고 그들 사이를 어떻게 해명해야 하는가'가 연재를 시작하면서 또렷또렷하고(惺惺) 고요고요하게(寂寂) 들게 되는 제 화두입니다.

불교는 붓다가 깨달은 '실제'의 문자적 표현입니다. 불교적 인간은 붓다를 가장 구체적인 인간상으로 생각합니다. 붓다는 자비와 지혜의 기호로 보살적 인간의 존재 이유를 제시합니다. 보살적 인간은 '나'라는 울타리를 넘어서는 어떠한 보편적 원리를 위해 기꺼이 자신을 버릴 수 있는 존재입니다. 우리 눈앞에 떨어져 있는 휴지 한 장이라도 남의 눈을 의식하지 않고 지속적으로 줍는 이가 바로 보살적 인간이요, 이타적 인간입니다.

금세기 제1의 철학적 주제인 환경 및 생태문제 해결의 실마리 역시 바로 여기에 있습니다. 불교는 아라한적 인간상과 보살적 인간상을 동시에 제시하고 있습니다. 이들 인간상은 자기만의 구원에 힘쓰느냐 아니면 모든 인간의 구원에 힘쓰느냐에 따라 갈라집니다. 이 두 인간상에 따라 '소승'과 '대승' 혹은 '일인용 자전거'와 '대중용 비행기'의 차이로 나타납니다. 이러한 두 인간상을 하나로 '삼투'시켜내는 지점 위에서 저의 글과 다른 글이 변별되기를 희망합니다.

우리가 어떤 것을 '안다'는 것은 그것대로 '한다'는 것이며, 동시에 그렇게 '산다'는 것입니다. 여기서 '앎'과 '함'과 '삶'은 머리와 가슴과 온몸으로 대체할 수 있습니다. 불교를 안다는 것은 붓다의 표현대로 '연기'를 안다는 것이며 '연기'대로 산다는 것입니다.

"이 (연기의) 바다는 참으로 깊다. 감히 함부로 들어오지 못 한다"라고 한 붓다의 가르침은 연기법대로 살지 않으면 감히 이 바다에 들어오지 못한다는 언표입니다. 알려면 그렇게 살아야 하고 그렇게 살 때에 비로소 완전히 안다는 것입니다. 철학이 인간과 세계에 대한 근원적인 물음이라고 할 때 불교는 이것에 대한 가장 구체적인 해답을 제시해주고 있습니다. 붓다는 그것을 우리의 구체적인 생활 속에서 '멸집(滅執)'과 '만공(滿空)'의 도리를 알아야 하고 살아야 하며 누려야 한다고 가르쳐주었습니다.

저의 글이 여타의 글과 다르기 위해서는 이러한 앎과 함과 삶의 궤적을 따라 불교 교리를 쉽고 명료하게 풀어내야 합니다. 그런데 쉽고 명료하게 드러내는 것은 참으로 어렵습니다. 왜냐하면 그것은 오랜 기간의 온축(蘊蓄) 위에서만 가능하기 때문입니다. 하지만 아직 저는 그런 온축을 이뤄내지 못했습니다. 제 글은 단어와 단어, 구와 구, 절과 절, 문장과 문장 사이의 인과 관계에 능하지 못하고 또 그들 사이에다 팽팽한 밀도를 온전히 담아내지 못하기 때문입니다.

아울러 언어 이전 혹은 언어 너머에 있는 도리를 충실하게 꿰뚫어 보지 못하고 있습니다. 그 때문에 불교 교리의 새로운 해석은 그것이 현실적이든 이상적이든 깨달음의 한복판에서 뒹굴며 토해내는 것이어야만 하는데 저는 아직 그렇지를 못합니다. 다만 이 기간에 그러한 시늉이나마 해보일 수 있다면 다행이라 생각하고 있습니다.

저는 공부는 '바닥'에서 하고, '엉덩이'로 해야 한다고 생각합니다.

아무쪼록 한 해 동안 방바닥에다 엉덩이를 굴리며 열심히 장판 때를 묻혀보고자 합니다. 진리를 깨달으려는 마음을 처음 일으킬 때가 곧 정각(初發心是便成正覺)이니까요.

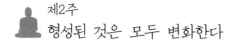

제2주
형성된 것은 모두 변화한다

諸　제
行　행
無　무
常　상

우리는 가끔 이렇게 말하곤 합니다. "밤새도록 책을 보거나 곡차를
마셔도 끄떡 없었는데 이젠 내 몸이 예전 같지 않아"라고 말입니다.
청소년 시절의 사진과 거울 속에 비친 내 모습을 대비해보면 '무상'
을 느끼게 됩니다. 그 젊은 날의 팽팽하던 탄력은 다 어디 갔습니까.
어느 여성 시인은 "여자가 장식을 하나씩 달아가는 것은, 젊음을 하
나씩 잃어가기 때문이다"라고 했습니다.

　무엇이 우리를 장식하게 하고 화장하게 합니까. '젊음' 그 자체가
이미 아름다움이요 장엄인데 말이죠. 문제는 그 젊음이 유지되지 않
는다는 것이죠. '피부 마사지'니 '주름 제거'니 '비아그라'니 하는 말들
의 탄생에서 자기 몸에 대한 질기고 강한 애착을 보게 됩니다. 이 때
문에 모든 고통은 나에 대한 집착에서 생겨난다는 『반야심경』의 일갈

은 임제의 '할'(고함)과 덕산의 '방'(몽둥이)보다 강하게 다가옵니다.

　만들어진 것, 형성된 것은 모두 변화합니다. 그 어디에도 변하지 않는 것은 없습니다. 변하지 않는 것이 굳이 있다면 "변하지 않는 것은 없다"는 사실 그 자체만은 변하지 않겠죠. 진리이니까요. 우리는 언제나 '찰나 생 찰나 멸' 하는 변화 속에서만 존재하고 있습니다. 그런데 내가 변화 속에 있다는 것을 인정하기가 매우 어렵습니다.

　더욱더 어려운 것은 인간의 마음이 변화한다는 사실입니다. 어젯밤에 서로 마주보고 함께 얘기를 해놓고도 다음 날 그런 적이 없다고 하면 우리는 "돌아버리겠다", "미쳐버리겠다"라고 하죠. 그런데 그 마음이라는 것은 실체가 아니어서 이름도 없고 모양도 없어서 그 '사실'을 확정할 수가 없죠. 그러니 어제 그 친구의 '마음'이 오늘 그 친구의 '마음'과는 다른 것일 수밖에 없다는 사실을 수긍하지 않을 수 없게 됩니다. 흔히 "초심으로 돌아가자"라고 말합니다. 그런데 이 말은 '초심'으로 돌아갈 수 없다는 사실 위에서만 정당화되는 언표입니다.

　서양의 철학자 헤라클레이토스는 "같은 강물에 두 번 발을 담글 수 없다"라고 했습니다. 동양의 철학자 공자는 『논어』「자한」에서 "가는 것이 이 물과 같구나. 밤낮을 그치지 않는도다"라고 했습니다. 두 사람의 발언은 모두 끝없이 변화하는 삶에 대한 정의이자 통찰이죠. 여기에 무엇이 '있다'는 것은 시간적으로 변화하고 공간적으로 점유한다는 것을 의미합니다. 그 때문에 존재하는 모든 것은 '컬러(색)'와 '폼(꼴)'을 지니고 있습니다.

우리가 변화(시간)를 인식하는 방법은 어떤 존재가 지닌 색깔의 '탈색'과 그 존재의 물리적인 '이동' 과정을 통해서입니다. 물론 '성장' 과정을 통해서도 가능합니다. 우리의 육안으로 인식할 수 있는 색깔 수는 팔백 종이나 된다고 합니다. 그런데 이 모든 색깔은 빛을 차단시킨 캄캄한 공간 속에서는 흑백 두 색으로만 환원됩니다. 그렇다면 빛(가시광선)은 존재입니까, 존재가 아닙니까.

물리적으로 공간을 점유하는 속성이 없으므로 존재라 할 수 없지만 사물을 인식하게 하는 것이라는 점에서 존재가 아니라 할 수도 없습니다. 현대물리학에서 물질의 최소단위로 규정한 '쿼크' 역시 빛이요 에너지며 파동입니다. 즉 존재이면서도 존재가 아니죠. 따라서 모든 존재는 '공'이자 '공성'임을 알게 됩니다.

"형성된 모든 것은 변화한다"라는 명제에서 우리가 깨닫게 되는 것은 '멸집(滅執)'이라는 통찰입니다. 집착을 버리는 것이죠. 모든 고통은 변화를 인정하지 않는 데서 비롯됩니다. 하여 변화하기 때문에 "모든 것이 항상 새롭다"라는 적극적인 자세를 이끌어내야 합니다.

어느 재벌회장이 "아내와 자식만 빼고 다 바꿔보자"라고 했습니다. 이 말은 기업경영자의 마인드에서 나온 것이지만 '변화'에 대한 인식 위에서 능동적이고 주체적인 삶을 창출하라는 얘기이기도 합니다. '무상'은 나쁜 것이 아닙니다. 변화하기 때문에 오늘의 나의 삶이 존재하는 것입니다.

인도의 카스트 제도나 한국의 반상제도(班常制度)가 변화하지 않았다면 인도의 불가촉천민 출신이자 영화 「밴디드 퀸」의 주인공으로서 전국 국회의원이 되어 여성의 인권운동에 생애를 바친 풀란 데비와 우리의 삶이 지금과 같지 않았을 것입니다. 육이오 전쟁 뒤의 폐허가 변하지 않았다면 오늘의 한국이 있었겠습니까. 남북한의 분단이 계속되지만 언젠가는 변화하리라 믿습니다.

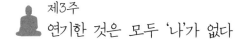
제3주
연기한 것은 모두 '나'가 없다

諸제
法법
無무
我아

2001년 1월 26일 오후 7시 15분 지하도 철로 위에 떨어진 일본인 취객을 구하고 죽음을 맞이했던 이수현 군의 이야기가 생각날 것입니다. 그런데 2002년 1월 22일 날 또 우리나라 고등학교 3학년생이 지하도 철로 위에 떨어진 취객을 살려놓은 일이 있었습니다.

경향 각지의 신문들이 그 학생과 인터뷰를 요청했으나 "일절 응하지 않겠다"라고 했답니다. 다만 주머니에서 떨어진 학생증 때문에 그의 신분이 일부 신문에 보도되었다 하지요. 이들은 왜 자신의 목숨을 돌보지 않고 죽음 앞에 던져진 취객을 구하기 위해 죽음 속으로 뛰어들었을까요.

이들의 무아행이 『맹자』에서 말하는 것처럼 어린아이가 우물 속으로 뛰어드는 모습을 '차마 그냥 두고 볼 수 없다(不忍之心)'는 선한 마음이 발현되어 그런 것일까요. 아니면 연기한 것은 모두 '나'라고 할 만한 것이 없다는 사실을 자각했기 때문일까요. 어떤 것이라 해도 좋겠지요. 결과는 모두 귀중한 목숨을 살려내기 위해서 자신을 버렸다는 것이니까요.

"인연에 의해 생긴 것은 모두 '나'라고 할 만한 것이 없다"라는 명제는 불교의 정체성이자 대전제입니다. 어떠한 인연에 의해 잠시 현재의 모습이 생겼을 뿐 그 인연이 다하면 사라지게 마련입니다. 이 때문에 불변하는 실재나 절대적인 무엇이 존재한다는 것은 이치에 맞지 않습니다.

붓다는 '우주의 통일적 원리로서의 실재인 브라흐만'이나 '세계의 통일적 원리이자 불멸하는 실재인 아트만'과 같은 고정불변하는 실재를 부정합니다. 그뿐 아니라 이 우주는 '모든 원자들이 모여 이루어졌다는 요소설 혹은 적취설'도 부정합니다. 이처럼 우리 눈앞의 컴퓨터 모니터나 내 몸뚱어리도 하나하나 떼어놓고 보면 실체가 없습니다. 만들어진 것은 어느 것이나 실체가 아니기 때문입니다. 잠시 하나의 '인연 덩어리' 혹은 '기 덩어리'로 뭉쳐 있을 뿐이죠. 따라서 '나'라고 할 만한 것이 없다는 사실은 동시에 '나의 것'도 있을 수 없다는 사실을 말해주고 있습니다.

내가 없는데 어떻게 나의 것이 있을 수 있겠습니까. 모두가 잠깐 나의 몸에 깃들어 살 뿐이죠. 하지만 그것도 인연이 다하면 사라집니다.

붓다는 자본주의의 지향인 재화 창출을 부정하지 않습니다. 바른 직업을 가지고 정당하게 돈을 벌라고 합니다. 보다 빨리 많은 돈을 벌기 위해서 농약을 넣어 속성 재배한 콩나물과 같은 것을 팔지 말고 말이죠. 자기가 먹고 써도 전혀 이상이나 해가 없는 상품을 땀 흘리며 생산하여 재화를 창출하라는 것이죠.

붓다는 그렇게 벌어들인 재화는 나 혼자만의 힘으로 이루어진 것이 아니므로 그 성취를 모든 사람들에게 다 나누어주라고 말합니다. 무수한 사람들의 도움과 협동 없이 어떻게 오늘의 내가 있을 수 있겠습니까. 이 때문에 오늘의 나의 모든 성취를 그 성취를 있게 해준 모든 인연들에게 다 나누어주라는 것이죠. 불교적 인간은 아라한상과 보살상이 삼투된 모습입니다.

송나라 곽암 사원선사의 심우도 혹은 십우도에서 여덟 번째의 "소도 나도 모두 없다(人牛俱忘)"는 단계는 아라한상의 궁극적 지향입니다. 아울러 아홉 번째의 "본래 자리로 되돌아가다(返本還源)"와 열 번째의 "저잣거리로 들어가서 중생을 제도하다(入廛垂手)"는 단계는 보살상의 궁극의 지향입니다. 아홉 번째와 열 번째의 단계를 이루기 위해서 첫 번째부터 여덟 번째까지의 단계가 있는 것입니다.

종교는 인간의 구원을 궁극적 목표로 삼습니다. 세상에는 스스로 그렇게 할 수 있다고 생각하여 온몸을 던져 자기와의 싸움에 임하는 사람이 있는가 하면 그렇지 못한 사람도 있기 마련입니다. 그래서 자기와의 싸움에 임하지 못하는 사람들을 위해서 무아행을 하는 보살적 인간이 요청되는 것이지요.

보살상의 존재 이유는 바로 여기에 있습니다. 우리는 '나'라고 할 만한 것이 없다는 사실의 자각으로부터 모든 고통의 극복을 시사받습니다. 내가 없다는 사실을 좀처럼 인정하기 어렵겠지만 눈을 크게 뜨고 마음을 열면 무아 속의 내 참모습이 보일 것입니다. 나에 대한 집착을 넘어설 때 지혜의 달이 동두렷이 떠오르기 때문입니다.

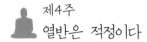

제4주
열반은 적정이다

涅槃寂靜 열반적정

2001년 12월 31일 오전 10시 23분 조계종의 혜암 종정이 원적(圓寂)에 들었습니다. 자기와의 싸움인 오랜 수행을 거쳐 완전한 멸도(滅度), 즉 적멸(寂滅)로 돌아간 것이죠. 모두들 혜암 종정이 입적(入寂)을 기쁨으로 맞이했는지 슬픔으로 맞이했는지 궁금합니다. 우리는 윤회하지 않는 세계, 부처의 세계에 들었을 때 깨달음을 얻었다고 말합니다.

열반은 욕망에 지배받는 세계와 물질에 지배받는 세계, 그리고 정신적인 끄달림의 세계를 넘어서서 '생사로부터 자유로운 경계'입니다. '원'은 수행을 완성하여 일체의 공덕을 원만히 한 것을 의미합니다. '적'은 번뇌의 장애를 멸한 것을 말합니다. 붓다와 고승들의 임종을 원적이라 하는 이유가 여기에 있습니다.

'무상'과 '무아'와 '열반'을 붓다의 근본 교의라고 하는 것은 이들 세

기호가 불변하는 진리를 드러내는 인증(印證)이기 때문입니다. '변화하고' '내가 없기' 때문에 '열반적정'을 지향하지 않을 수 없다는 이들 세 진리의 도장을 어떻게 바라보느냐에 따라 불교와 비불교가 변별됩니다.

그런데 우리는 열반을 죽음 이후의 세계로만 이해하려는 경향이 있습니다. 열반은 살아서 성취할 수 있는 경계이기도 합니다. 붓다가 보여준 깨달음의 경계는 모든 번뇌의 불길을 다 불어 끈(吹滅) 평정의 상태입니다. 그는 삶과 죽음의 경계를 넘어섰으므로 살아서도 열반이 가능함을 온몸으로 보여주었습니다.

그 때문에 붓다의 열반을 '완전한 열반(槃涅槃)'이라고 말합니다. 이것은 생사의 괴로움을 여읜 진여(眞如) 그대로며, 번뇌의 장애를 끊고 얻은 경계입니다. 무수한 세월 동안 다른(異) 형태로 업종자를 성숙(熟)시켜오면서 받아왔던 괴로움의 결과인 현재의 신체까지 멸해버린 것입니다. 그 때문에 더 이상 남아서 의지할 무엇이 없으므로 무여의(無餘依) 열반이라고 합니다.

자기의 수행으로 고통 세계의 원인인 번뇌는 끊었지만 아직도 과거의 업보로 받은 신체를 멸하지 못한 유여의(有餘依) 열반과는 다릅니다.

『삼국유사』의 '사복불언(蛇福不言)' 조목에서 사복 어머니의 장사를 지내던 원효는 "나지 말지어다. 죽는 것이 괴롭다. 죽지 말지어다. 나는 것이 괴롭다"라고 했습니다. 그러자 사복이 "말이 번거롭소"라고 했습니다. 원효는 다시 "죽고 사는 것이 괴롭다"라고 했습니다. '죽고 사는 것', 즉 생사의 문제는 불교의 최대 화두입니다.

어떻게 하면 생(로병)사의 문제를 해결하느냐가 붓다의 필생의 화두였습니다. 붓다는 자기와의 싸움에서 승리하여 생사의 굴레로부터 벗어났습니다. 그래서 열반(적정)을 성취했습니다. 누구나가 나고 죽는 경계를 넘어서면 자유롭게 나고 죽을 수 있습니다.

붓다는 중생들에 대한 자비심으로 역사 속에 다시 태어났습니다. 그 때문에 일본의 어느 불교학자는 "인류사에서 유일하게 죽은 사람은 석가모니 하나뿐"이라고 말했습니다. 모두들 끊임없이 윤회 환생하지만 그는 유일하게 삶과 죽음에서 자유자재했기 때문이죠. 영원한 깨달음(열반)을 얻었으니까요.

『열반경』에서는 "만들어진 것은 모두 무상하니(諸行無常)/ 이는 생하고 멸하는 법이네(是生滅法)./ 생하고 멸함이 다 멸하고 나면(生滅滅已)/ 적멸이 즐거움이 되네(寂滅爲樂)"라고 했습니다.

전생의 수행자 호명(석가) 보살은 앞의 반 게송을 듣고 환희심을 일으켰습니다. 나머지 반 게송을 마저 듣기 위하여 굶주린 식인귀(나찰)의 요구대로 목숨을 던졌습니다. 말 그대로 "진리를 (구하기) 위하여 몸을 버린 것(爲法亡軀)"이죠. 그는 물리의 몸을 버렸기 때문에 진리의 몸을 얻었습니다.

그 때문에 '적멸이 즐거움이 된다'는 통찰은 바로 불교가 지향하는 가치가 어디에 있는지를 잘 보여줍니다. 경주 토함산 석불사의 대불의 정체성에 관한 담론이 아직도 분분합니다. 종래의 통설인 보신(아미타불)에서 역사적 붓다인 색신(석가모니불)으로 옮겨가는 듯해 보입니다.

'열반은 적정'이라는 측면에서 보면 색신과 법신을 아우르고 역사적 붓다와 비역사적 붓다(법신, 비로자나불)를 통섭한 아미타불이 불교가 지향하는 가치에 더 적절한 것이라 생각됩니다. 열반을 죽음 이후의 경계로만 한정하지 않아야 합니다. 그리고 그것은 생사를 초월해서 불생불멸하는 법신의 진제(眞際)를 얻을 수 있는 길을 열어두는 것입니다.

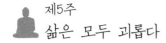

제5주
삶은 모두 괴롭다

一일
切체
皆개
苦고

살아가기가 힘드시지요. 있는 사람은 더 없어서 힘들다 하고 없는 사
람은 아예 없어서 더욱 버거운 시대입니다. 전셋값과 월셋값은 왜 그
렇게 오르는지, 집 없는 서민들은 죽을 맛입니다. 아무리 허리띠를
졸라매고 열심히 일해도 상대적 빈곤감과 박탈감은 점점 더해지고
있지요.

이럴 때일수록 '고귀한 신분에 따르는 도의상의 의무'인 노블레스
오블리주(noblesse oblige)를 생각하게 됩니다. 많이 가진 사람들이
좀 나누어 써야죠. 더 많은 사람들을 위해서 내 욕망을 좀 더 줄여야
죠. 그게 바로 '연기 패러다임'을 실천하는 불제자의 길이니까요.

"대구의 영세 임대아파트에서 겨울을 나던 원 씨 모녀가 먹을 것
이 없어 나흘이나 굶은 채 지내오다 끝내 어머니(41세)는 숨지고 열

두 살 난 딸만 가까스로 병원으로 옮겨졌다"는 2002년 2월 4일 자 신문기사를 읽고 삶이 얼마나 허망한 것인지, 삶이 얼마나 괴로운 것인지를 새삼 생각하게 되었습니다.

그 이튿날 원 모양을 돕겠다는 사람들의 문의가 잇따르고 있다고 합니다만 가난한 사람은 끝없이 가난하고 넉넉한 사람은 가없이 넉넉해질 수밖에 없는 현재의 자본주의적 삶의 구조만으로는 고통을 해결할 길이 없습니다.

물론 현상적인 책임은 모두 해당 개인에게 있을지 모릅니다. 하지만 그들을 그렇게 만든 근원적인 시스템이 우리 사회를 이끌고 있는 사람들에게서 비롯되었다는 점에서 본다면 당사자에게만 책임을 물을 수는 없는 것이지요.

우리의 삶에는 근원적인 고통과 물리적인 고통이 있습니다. 물리적인 고통은 제도적이거나 상대적인 기제로 인해 생겨납니다. 하지만 근원적인 고통은 심리적이거나 정신적인 기제로 인해 생겨납니다.

1997년 국제통화기금(IMF) 시대에 접어든 후 서울역 등의 지하도에는 노숙자가 많이 늘어났습니다. 그들 모두는 이 땅의 산업 일꾼 혹은 가장으로서 피땀 흘리며 열심히 살아왔던 사람들입니다. 그런데 그러한 믿음이 하루아침에 무너져버렸죠. 그들은 더 이상 일어설 수 없는 상태가 되어 지하도 바닥 위에서 '쓰러져' 살고 있습니다. 술과 친구해가며 말이죠. 이들이 바닥에서 느끼는 현실의 고통을 상상해볼 수 있겠습니까.

붓다는 우리가 받는 고통을 네 가지 내지 여덟 가지 범주로 나누었습니다. 근원적인 네 가지는 태어나는 고통, 늙어가는 고통, 병들어가는 고통, 죽어가는 고통입니다. 삶이 진행형이듯이 고통도 진행형입니다.

물리적인 네 가지는 사랑하는 사람(상황)과 헤어지는 고통(愛別離苦), 구해도 얻을 수 없는 고통(求不得苦), 미워하는 사람(상황)과 만나는 고통(怨憎會苦), 나를 구성하는 다섯 요소가 불길처럼 타올라 일어나는 고통(五陰盛苦)입니다.

이 모두는 우리가 존재하므로 생겨나는 고통들입니다. 고통의 실체는 현실적 욕망이 다 이뤄지지 못하는, 현실에 대한 '불만족' 과 존재에 대한 '불안정'입니다. 즉 현실적 존재의 끊임없는 '욕망'과 죽음에 대한 '공포'의 다른 표현이죠.

『잡아함경』에서는 연기된 '오온'을 주어로 하고 '무상', '고(苦)', '공', '비아'를 술어로 하는 교설이 반복 심화되고 있습니다. 그뿐 아니라 '무상'하기 때문에 '괴롭다'고 합니다. 존재에 대한 집착 때문이죠. 또 '괴롭기' 때문에 '공'이라고 합니다. 현실과 존재에 대한 '불만족'과 '불안정' 때문이죠.

뒤이어 '공' 하기 때문에 '나'가 아닌 '비아'라고 합니다. 자기 동일성이 없기 때문이죠. 하여 '생(로병)사'라는 근원적 고통의 돌파라는 '화두'를 부여안고 천 길 장대 위에서 한 걸음을 더 나아가는(百尺竿頭進一步) 수행이 요청되는 것이죠. 오온이 실체라는 착각에서 비롯된

'고'를 넘어서기 위해서 말이죠.

권력은 십 년을 유지하지 못하고(權不十年), 꽃은 십 일을 붉게 피어 있지 못한다(花無十日紅)고 했습니다. 제왕적 대통령제하의 대통령도, 호텔 앞의 화려한 장미꽃도 무상하기 때문에 괴롭다는 사실을 알아야 할 것입니다.

우리 눈앞의 현실과 존재에 대한 정확한 통찰이 '멸집'과 '만공'으로 나아가는 지름길입니다. '불만족'과 '불안정'으로부터의 해탈은 번뇌의 극복(心解脫)과 무지의 극복(慧解脫)을 통해 이뤄집니다.

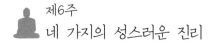

제6주
네 가지의 성스러운 진리

四^사
聖^성
諦^제

우리 민족에게 가장 큰 고통은 '남북 분단'과 '국제통화기금' 시대의 빈부 격차일 것입니다. 빈부 격차는 자본주의 체제의 구조적인 문제입니다. 지금 우리는 전 세계 유일의 타율적인 분단국가죠. 햇볕정책은 이러한 타율적 분단 구조를 자율적 통일구조로 옮겨가는 과정에서 제안된 것이라 보입니다.

우리나라가 1997년에 국제통화기금(IMF)의 금융 위기를 맞아 '금모으기 운동'을 한 것처럼 남북 분단의 문제가 해결되겠죠. 우리의 최대 관심사는 이 고통의 구조 속에서 어떻게 벗어나느냐일 겁니다. 그러기 위해서는 고통이 무엇이며(苦諦), 고통이 왜 생겼으며(集諦), 그것을 어떻게 없애며(道諦), 그것을 없앤 상태는 어떠한 것인지(滅諦)를 마치 의사가 병든 환자의 처방전을 내듯이 '진단'과 '처방'해야 합니다.

붓다는 '영원한 깨달음(열반)'을 얻기 위해 고통에 대한 진단과 처방인 사성제를 제시했습니다. 진단은 '내 몸이 있음(有身)'으로부터 '생로병사(生老病死)'와 '우비고뇌(憂悲苦惱)' 및 순전하고 커다란 괴로움의 다발만 있는 것(純大苦聚)임을 마땅히 알아야 하며(當知), 내 몸이 있으므로 생겨나는 집착(有身集)을 마땅히 끊을 줄 알아야 한다(當知斷)는 것이며, 처방은 내 몸을 멸하여(有身滅) 마땅히 깨달을 줄 알아야 하며(當知證), 내 몸으로부터 생겨난 길의 자취(有身道跡)를 마땅히 닦아서 끊을 줄 알아야 한다(當知修斷)고 했습니다.

다시 붓다는 『중아함경』 「전유경」에서 이 사성제를 역설합니다. 바라문 출신의 수행자인 만동자가 '세계의 시공간적 한계성'과 '영혼과 육체의 동이성' 및 '여래의 영원성' 여부의 열(네) 가지 물음을 던집니다. 그의 질문에 두 차례 침묵(無記)한 뒤에 붓다는 "나는 말할 것은 말하고 말하지 않을 것은 말하지 않는다"라고 합니다. 그리고 '한결같이 말하는 것'으로서 '네 가지 성스러운 진리'를 설합니다.

이를테면 가슴에 독화살을 맞은 한 청년이 있었다고 하지요. 식구들은 빨리 독화살을 뽑아내고 훌륭한 의사를 부르자고 합니다. 하지만 이 청년은 "아직 이 화살을 뽑지 마십시오"라고 합니다. 그는 독화살을 쏜 사람의 카스트, 쏜 방향, 활과 화살과 활줄의 재료 등등에 대해 알기 전에는 화살을 뽑지 않겠다고 합니다. 그러면 어떻게 될까요? 독이 퍼져 죽어가겠죠. 붓다는 "사성제는 '뜻'과 '법'에 상응하고

'범행'의 근본이며 '지혜'와 '깨달음'과 '열반'으로 나아가기 때문에 너희들은 마땅히 이렇게 배워야 할 것"이라고 설합니다.

지나가는 나그네의 모자와 코트를 벗기기 위해 '햇볕'과 '바람'이 내기를 하는 동화를 아시지요? 바람은 강철 같은 '팬'을 돌려 나그네를 향해 불었습니다. 나그네는 바람한테 코트와 모자를 빼앗기지 않으려고 꼭 감싸고 걸어갔죠. 하지만 햇볕은 젖 먹던 힘까지 모아 '히터'를 틀었습니다. 영상 삼십 도를 오르내리다 보니 나그네는 너무 더워서 코트와 모자를 모두 벗었죠. 결국 햇볕이 바람을 이긴 것이지요.

남한의 햇볕정책은 여기서 따온 것으로 생각됩니다. 그런데 갑자기 남한의 대통령에게 스웨덴 한림원에서 노벨상을 주겠다고 하자 잘나가던 햇볕정책은 엇갈리기 시작했습니다. 한림원은 '햇볕'에게만 노벨상을 주려고 했습니다. 살인자인 '바람'에게는 상을 주지 못한다는 거죠. 이때 햇볕이 연기법에 대한 이해 위에서 "'바람'을 빼고 나 혼자만은 받지 않겠다"라고 버렸더라면 지금쯤 어찌되었을까요. 햇볕 자신이 존재할 수 있는 것은 오직 바람 때문이라는 사실을 알고 처신했다면 남북 분단을 졸업하는 천재일우의 기회가 되었을 겁니다.

IMF와 남북 분단은 우리의 현실적 고통(苦)입니다. 우리는 왜 이들을 맞이했습니까? '샴페인을 너무 빨리 터뜨렸거나' 또는 구한말 이래 지금까지 '주체를 상실(集)'했기 때문이죠. 이들은 우리 현실세계의 실상입니다. IMF를 졸업하고 조국이 하나 된 모습(滅)을 이루려면 허리띠를 졸라매고 거품을 걷어내며 한민족이 서로 편지를 나누고 만나야(道)겠죠. 그래야만 고통을 벗어난 이상세계를 성취할 수 있을 것입니다.

사성제는 바로 어느 시간과 공간에서도 보편타당한 진리이며 공식이기에 '성스럽다' 하고 '한결같이 말할 것'이라 합니다. 고통이 생겨나고(流轉緣起, 順觀) 소멸하는(還滅緣起, 逆觀) 과정의 진단과 처방이기 때문입니다.

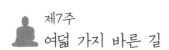

제7주
여덟 가지 바른 길

八_팔
正_정
道_도

시인 윤동주는 그의 「서시」에서 "죽는 날까지 하늘을 우러러/ 한 점 부끄럼이 없기를/ 잎새에 이는 바람에도 나는 괴로워했다"라고 했습니다. 이는 『맹자』의 "우러러서 하늘에 부끄럽지 않고(仰不愧於天) 굽어보아서 남들에 부끄럽지 않다(俯不愧於人)"에서 모티프를 따온 것입니다.

  그렇다면 우리의 삶에서 '올바르고' '부끄럽지 않게' 산다는 것은 무엇일까요? 출세간법의 '올바름'과 세간법의 '양심', 즉 현실적 고통을 해결할 가장 올바른 길과 인간의 일상사에서의 윤리와 질서를 유지하는 길 사이엔 어떤 출입이 있을까요?

  붓다는 고통스러운 현실세계에 대한 정확한 진단과 처방으로서 사성제(四聖諦)를 제시했습니다. 처방의 가장 구체적 실천법이 사성제의 결론인 '여덟 가지 바른 길(八正道)'이죠. 중정(中正) 혹은 중도(中道)의 완전한 수행법이므로 '정도(正道)'라고 합니다. 중도의 실제이므로 '팔중도(八中道)'요, 성인의 도이므로 '팔성도(八聖 道)'라고도 합니다. 그래서 생사윤회의 고통을 벗어나려면 바른 견해(正見), 바른 사유(正思), 바른 언어(正語), 바른 행위(正業), 바른 생활(正命), 바른 노력(正精進), 바른 기억(正念), 바른 선정(正定)의 지름길로 나아가야 된다는 겁니다.

그런데 여기서 올바른 '우주관 내지 가치관'인 '정견'은 『잡아함경』에서 끊임없이 나오는 '정관(正觀)'과 같은 것입니다. 즉 연기된 "오온(五蘊)이므로 무상하고(無常) 괴롭고(苦) 실체가 없고(空) 내가 아니라는(非我) 사실을 바로 보라"는 것이죠. 이 '정관'은 대승불교에서 '중관(中觀)' 혹은 '공관(空觀)'으로도 표현됩니다. 존재의 실상을 '있는 그대로 보는' 것이죠.

붓다는 가장 올바른 길인 '중도'를 깨달았습니다. 그러면 '정(正)' 혹은 '중(中)'이란 무엇일까요? 소나빤나(二十億耳) 비구에게 가르쳐준 "거문고 줄을 팽팽하게도 느슨하게도 당기지 않는 도리"입니다. '팽팽함(고행)'과 '느슨함(쾌락)'의 이항을 넘어서기 위해서는 '치우치지 않는' 지혜가 요청됩니다.

자신의 주장만을 일삼는 『육조단경』의 두 수행자 이야기를 아시죠? 그들의 주장처럼 "바람이 분다(風動)"와 "깃발이 흔들린다(旛動)"만 가지고는 해결이 안 되는 것입니다. 제1과 제2의 주장을 타기하지 않고 그 둘을 모두 살려내면서 함께 나아가는 '제3의 길'은 없을까요? 그것은 곧 "바람이 부는 것도 아니고 깃발이 흔들리는 것도 아니며 바로 그대들의 마음이 흔들리는 것(心動)"이 될 것입니다. 두 수행자 모두가 '마음으로 승복할 수 있는(心伏)' '지혜의 길' 말입니다.

정견은 바로 우리 눈앞에 펼쳐진 현실을 가장 지혜롭게 해결하기 위한 견해입니다. 그러기 위해서는 붓다가 처방하고 진단한 사성제를 정확히 보아야 합니다. 사성제에 대한 무지가 곧 고통의 원인인 '무명(無明)'이니까요.

'정사'는 바른 사유방법을, '정어'는 거짓말, 허황된 말, 이간질, 욕지거리를 하지 않는 '바른 말'을, '정업'은 바른 행위를, '정명'은 바른 직업이나 생활방식을, '정정진'은 나머지 7정도를 지키는 바른 노력을, '정념'은 정견을 끊임없이 자각하는 것을, '정정'은 아라한상이 지향하는 최종적 덕목인 바른 선정을 말합니다.

행위와 언어와 사유가 삼세의 우리를 존재하게 합니다. 이 때문에 팔정도는 불교 수행의 기본 체계인 삼학(三學)과 상응하여 정어, 정업, 정명의 계(戒)와 정정진, 정념, 정정의 정(定)과 정견, 정사의 혜(慧)로, 다시 육바라밀의 보시, 지계, 인욕, 정진의 계학, 선정의 정학, 지혜의 혜학으로 이어집니다. 여기서 또 아라한상(팔정도)과 보살상(육바라밀)이 삼투된 불교적 인간상을 보게 됩니다.

그래서 과거 칠불들 모두가 "나쁜 일들 하지 말고(諸惡莫作)/ 착한 일들 높여 하라(衆善奉行)/ 자기 마음 깨끗이 하는 것(自淨其意)/ 이것이 붓다들의 가르침(是諸佛教)"이라고 일깨워(七佛通誡偈) 주었죠. 이 게송의 벼리는 '업의 청정도를 높혀' 성불하는 것입니다. 그러기 위해서는 팔정도를 실천해야 합니다. 팔정도만 잘 닦아도 고통이 사라진 극락이 된다는 것은 "내 마음이 청정하면 불국토가 청정하다(隨其心淨則佛土淨)"라고 『유마경』이 말해주고 있습니다.

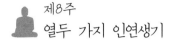

十십
二이 緣연 起기

"내가 나를 모르는데 넌들 나를 알겠느냐"로 시작되는 「타타타」
(tathata)라는 노래를 아시지요. '빈손으로 왔다가 빈손으로 가는'(空手
來 空手去) 우리의 인생살이를 날카롭게 통찰하고 있는 노래입니다.
범어 '타타타(tathatā, 眞如)'는 우리의 언어가 던져지기 이전의 사물이
지니고 있는 '있는 그대로'의 모습을 말합니다.

　작가 이인화는 자신의 소설 제목을 『내가 누구인지 말할 수 있는
자가 누구냐』라고 붙인 적이 있습니다. '자신을 바로 볼 수 있는 자'
는 과연 누구일까요. 일본의 선법을 서구에 널리 펼친 선학자 스즈끼
다이세쯔는 미국의 유수대학에서 고별강연을 하면서 "이천오백여 년
전 보리수 아래에 앉아 있던 고타마 싯다르타의 뇌리 속에는 과연
무슨 생각이 들어 있었을까요"라고 물었답니다. 그런 뒤에 "그의 뇌

리 속에는 하나의 커다란 퀘스천마크(?)가 들어 있었다"라고 답했다 하지요.

무명으로부터 비롯된 생사의 폭포수 속에서 자맥질하는 나는 과연 누구일까요? 내가 누구인지도 모르는데 내가 태어날 수 있는 환경을 제공해준 '내 부모님들에게서 태어나기 전의 나는 누구였을까(父母未生前)'요. 이 화두는 '나의 본래의 면목', 즉 '모든 차별을 넘어선 절대적인 나 자신'을 돌이켜보게 합니다.

싯다르타는 삼칠일(21일) 동안 보리수 아래의 선정 속에서 생(로병)사의 경계를 마지막으로 돌파해갑니다. 사성제의 집성제(順觀)와 멸성제(逆觀)에 상응하는 십이연기는 현실적 인간의 고뇌의 뿌리를 추적하여 그 근원을 끊음으로써 고뇌를 멸하기 위해 계열화한 열두 가지 지분입니다. 또한 인간의 근원적 자화상이자 일생의 이력서이며 삼세 미혹 인과의 지형도죠.

사성제에 대한 근원적인 무지이자 일체번뇌의 근본인 '무명', 몸과 말과 생각으로 짓는 무명의 동태인 '행', 인식의 주체이자 심식의 근본체인 '식', 정신적 작용(명칭, 受想行識)과 육체적 부분(형태, 色)인 '명색', 여섯 가지 감각기관인 '육입(처)', 여섯 가지 감각과 대상과 의식의 화합인 '촉', 바깥 경계를 느낌으로 받아들이는 '수', 본능적 욕심인 갈애 내지 망집인 '애', 아집 내지 집착인 '취', 업으로서의 존재인 '유', 탄생인 '생', 늙어서 죽는 '노사'를 말합니다.

이들 각지분의 연멸(緣滅, 還滅門)과 연생(緣生, 流轉門)에 의해 어리석음(無明)과 밝음(明)이 분기됩니다. 여기서 '연(緣)'은 '무엇으로 말미암아' 혹은 '무엇에 의해서' 내지 '무엇 때문에' 등등처럼 '무엇'과 '무엇'의 연멸과 연생관계를 나타내는 매개항입니다.

즉 십이지연기의 역관(逆觀, 노사 → 무명 → 명)을 통해 고통의 굴레를 멸해가고 순관(順觀, 무명 → 노사)을 통해 고통이 생겨나는 과정(流轉緣起, 緣生)을 통찰하게 됩니다. 싯다르타는 고통을 소멸해가는 과정(還滅緣起, 緣滅)을 두어 번 반복(順觀/逆觀)해가면서 욕망에 구애받는 세계(欲界)와 물질에 구애받는 세계(色界)와 정신에 구애받는 세계(無色界)를 완전히 벗어나게 됩니다. 그리하여 '승리자'로서 몇 생에 걸친 자신의 일생을 전관하게 됩니다.

흔히 이 세상을 지배하는 힘은 흔히 '권력'과 '재력'과 '매력'이라고 말합니다. 운이 좋아 입헌군주제 국가나 많은 자산을 가진 집안에 태어나면 권력과 재력은 상속받을 수가 있겠지요. 북한의 김일성가와 남한의 정주영가처럼 말이죠. 하지만 '매력'은 무에서 유를 창조하듯 오직 자기와의 싸움에 의해서만 성취할 수 있습니다.

고타마 싯다르타는 권력과 재력을 상속받을 수 있는 왕자 출신이었죠. 하지만 그는 서양 학자들의 표현처럼 자신을 알기 위해 '위대한 포기'를 했습니다. 그는 오직 스스로의 힘으로써만 얻을 수 있는 '매력'을 창출하기 위해 '집이 있는 곳(正信, 信家)'에서 '집이 없는 곳(非家)'을 향해 분연히 집을 나갔습니다(出家). 여섯 해 동안의 요가 명상 수행을 거쳤지만 그 길이 참다운 길이 아님을 알고 거기를 떠납니다. 그리고 십이(지)연기를 통해 윤회를 벗어났습니다.

붓다는 『증일아함경』에서 "십이연기는 매우 깊은 것이니 보통 사람들이 깨칠 수 있는 법이 아니다"라고 설합니다. 십이연기설은 인간의 무지로부터 비롯된 삶과 죽음의 과정을 가장 명료하게 보여주는 깊은 교설이기 때문입니다.

五 _오
蘊 _온

환절기에는 아침저녁 기온차가 매우 큽니다. 최저온도와 최고온도 차이가 무려 섭씨 15도의 간격을 오르내립니다. 사방엔 감기환자가 즐비하지요. 기침 소리와 가래 끓는 소리, 코 푸는 소리도 자주 눈에 띠고요. 병원에는 천식 및 알레르기 담당 의사까지 증원되지요. 이럴 때일수록 사람들은 우리 몸에 대해 더욱 관심을 기울이게 됩니다. 감기는 왜 걸리며, 바이러스는 어떻게 침투하는지 그리고 어떻게 해야 나을 수 있는지에 대해 궁금해하죠.

나의 육신은 비록 덧없는 몸이라 할지라도 오늘의 삶을 영위하는 데 있어 더할 나위 없는 보배이니까 말입니다. 권력과 재력이 없는 이들에겐 이 몸뚱어리 하나가 전 재산일 테니까요. 모두들 '건강'을 위해 애쓰는 것을 보면 이 몸이 얼마나 소중한 것인가를 실감하게 됩니다.

그러면 내 몸은 어떻게 생겼을까요? 이 물음을 뒤집어보면 숨이 멈춘 뒤 죽음 이후의 우리 몸은 어떻게 해체되는지를 정확히 아는 것으로부터 출발해야겠죠. 티베트의 성자 파드마 삼바바의 『티베트 사자의 서』에는 태어남(生有)과 죽어감(本有)과 죽음(死有)과 죽음 이후(中有)에 대해 명료하게 적혀있습니다.

죽음이란 것은 들숨(吸)과 날숨(呼)이 멈추는 것을 말합니다. 숨이 멈추면(심장사) 의식이 사라지고 체온이 식어갑니다. 동시에 몸이 해체되기 시작하지요. 먼저 체내의 요소가 해체되면서 여덟 단계를 거치게 됩니다. 우선 흙, 물, 불, 공기가 해체되고, 다음으로 색으로 나타나는 네 단계를 거치게 됩니다.

처음 흰색이 나타나다가 빨간색이 많아지고 다음에는 검은색에 가까워지다가 결국 죽음이라는 맑은 빛이 됩니다. 이러한 흐름을 죽어가는 과정이라고 하죠.

이는 현대의학이 죽음의 순간을 뇌간의 죽음인 뇌사로 설정하는 것과는 다릅니다. 뇌사하더라도 뇌만 죽은 것이지 아직 호흡과 체온은 있습니다. 그렇다면 뇌사는 죽음으로 선언할 수 없는 것이 됩니다.

붓다는 딱딱한 성질(견고성)을 지닌 흙, 축축한 성질(습윤성)을 지닌 물, 따뜻한 성질(온난성)을 지닌 불, 움직이는 성질(유동성)을 지닌 바람(공기) 등의 개별적 요소(四大)와 이들의 조합으로 이루어진 몸(四大所造色)과, 감수 및 감각 작용인 수(受), 지각 및 표상 작용인

상(想), 의지 및 형성 작용인 행(行), 인식 및 분별 작용인 식(識)의 총섭으로 우리 몸을 설명합니다.

지수화풍의 조합인 앞의 색온을 색법(色法)이라 하고 뒤의 수상행식온을 심법(心法)이라 합니다. 십이연기의 명색 역시 이 색법과 심법의 통섭을 말합니다. 그런데 색온의 구성요소인 지수화풍 사대의 불균형은 모든 병의 근거가 됩니다.

『불설오왕경』은 "사람의 몸은 흙과 물과 불과 바람 네 가지 요소가 합하여 이루어진 것이다. 이 가운데 어느 한 가지 원소가 부족하거나 없어 조화를 잃으면 101가지의 병이 생기고, 네 가지 원소가 모두 없을 때나 조화를 잃을 경우에는 404가지의 병이 동시에 생겨난다"라고 합니다. 이처럼 우리 몸과 자연의 요소는 분리되지 않는다는 사실을 알 수 있지요.

* 五蘊 : 존재를 구성하는 다섯 가지 요소

```
┌─ 루우빠(rūpa, 色, form): 신체 또는 모든 물질
│
│  베다나아(vedanā, 受, feelings)      : 感受 작용 ┐
│
│  상즈냐(saṃjña, 想, perceptions)     : 表象 작용 ├── 정신
│
│  상스까아라(saṃskāra, 行, impulses)  : 意志 작용 ┘
│
└─ 비즈냐아나(vijñāna, 識, consciousness) : 認識 작용
```

'오온'은 우리의 몸을 이루고 있는 다섯 가지 요소를 말합니다. 여기서 '온'은 '모으고 쌓음(積集)' 혹은 '줄기(어깨)' 내지 '근간'을 뜻합니

다. 현장(玄奘, 602~ 664), 삼장 이전의 번역인 구역에서는 '온'을 '중(衆)', '은(隱)', '취(聚)', '음(陰)', '유(有)'라고 옮겼습니다.

'중'은 '조화롭게 모음(和集)'을, '음'은 '가려서 쌓음(陰積)' 혹은 '가리고 덮음(蔭覆)'을 뜻합니다. 이런 맥락에서 보면 존재를 구성하는 다섯 가지 요소인 오온의 가(假)화합으로 생긴 우리는 오온이 인연이 다해 흩어지면 '나라고 할 만한 것이 없다'는 사실을 자각하게 되지요.

연기된 오온은 '무상(無常)'하고, '괴롭고(苦)', '실체가 없고(空)', '나라고 할 만한 것이 없죠.' 즉 "오온이 실체인 양 착각하는 것으로부터 모든 괴로움이 생겨난다"는 것은 "오온이 실체가 아님을 비추어보아 모든 괴로움과 액난을 다 건넜다"는 『반야심경』의 담론으로 환원되고 있지요. 오온이 모두 공임을 비추어봄으로써 비로소 무상을 자각하게 되고 모든 고통으로부터 벗어날 수 있는 계기를 확보하게 됩니다.

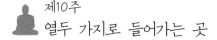

제10주
열두 가지로 들어가는 곳

十_십
二_이
處_처

어제 하루도 무사히 잘 보내셨나요? 하루하루를 '일 없이' 보낸다는
것이 간단하지 않은 세상입니다. "밤새 안녕하셨습니까"라는 인사 역
시 요즘은 들어보기 어렵습니다. 삶의 미래를 예측할 수 없을 만큼
문명의 속도가 급변한다는 것이겠지요.

　전국이 중국의 황하로부터 날아온 황사바람으로 뿌옇습니다. 누
런 공기바람이 우리의 눈, 귀, 코, 혀, 몸, 의식 속으로까지 비집고 들
어오지요. 이런 날씨에는 모두들 시나브로 하루를 얼굴 찌푸리고 살
지 모릅니다. 하지만 바깥의 현상이 무엇이든 우리의 의식이 반응하
는 영향을 최소화하면 할수록 하루하루는 편안해지겠지요.

　내 삶의 평정은 "나는 세상과 더불어 싸우지 않는데 세상이 나와
더불어 싸운다"라는 붓다의 가르침처럼 '세상과 더불어 싸우지 않는'

지혜로운 삶의 개척 위에서 가능한 것입니다.

그러면 어떻게 해야 '세상과 더불어 싸우지 않고' 마음의 평온을 유지할 수 있을까요. 아마도 그것은 하루하루의 삶 속에서 우리의 욕망을 '최소화' 내지 '무화'시키려는 노력 속에서만 가능할 것입니다.

오늘 하루의 삶은 새벽에 눈을 뜬 뒤부터 잠자리에 들 때까지 우리의 여섯 가지 감각기관(六根)과 여섯 가지 대상(六境)의 총섭으로 이루어집니다. 우리는 하루 종일 나의 시각(眼)으로 사물(色)을 보고, 청각(耳)으로 소리(聲)를 듣고, 후각(鼻)으로 냄새(香)를 맡고, 미각(舌)으로 맛(味)을 보고, 촉각(身)으로 부딪치고(觸), 의근(意)으로 대상(法)을 인식했지요.

그런데 오늘 하루 24시간을 어떻게 보냈습니까? 즉 내 인식기관 바깥의 여섯 가지 인식 대상(六外入處)을 여섯 가지 감각 안으로 받아들인(六內入處) 오늘 하루의 나의 삶은 어떠했습니까? 느낌이 좋았습니까, 좋지 않았습니까? 보다 많은 사람들의 이익을 위하여 살았습니까?

몸으로 짓고, 말로 짓고, 생각으로 지은 나의 행위는 맑고 깨끗했습니까? '일체(一切)'는 하루 24시간, 일 년 365일, 십 년 3,650일, 백 년 36,500일 동안 내 감각기관이 감각대상을 만나 이루어낸 나의 '모든 것'이자 내 '삶의 총화'입니다.

오늘 나의 현실은 과거 나의 십이처로부터 현재 나의 십이처를 통해 이루어진 것입니다. 또 나의 현재는 내 미래의 이정표입니다. 그 때문에 십이처는 일체의 구조를 구체적으로 보여주는 불교의 근본 세계관이라 할 수 있죠.

향을 싼 종이에는 향냄새가 배고, 굴비 한 두름(20마리)을 엮은 새끼줄에는 굴비냄새가 배어들지요. 우리의 경험과 인식도 이처럼 다음 생의 삶 속에 배어듭니다. 우리의 행위로부터 비롯된 경험과 인식은 내 저장의식(아뢰야식)의 창고 속에 갈무리되어 있다가 미세한 습기, 기억, 습관 등등의 형태로 다음 생으로 옮겨가지요.

『대승기신론』에서는 "천 가지 생각, 만 가지 생각 이것이 곧 생멸하는 모습"이라고 했습니다. 그래서 "생하고 멸하는 모습에는 마음과 상응하는 거친 것과 마음과 상응하지 않는 세밀한 것"이 있다고 하지요. 아뢰야식에는 세 가지의 세밀한 습기(三細)와 여섯 가지의 거친 습기(六麤)가 간직됩니다.

이 가운데에서 "범부들은 '거친 것 중의 거친 것(麤中麤)'으로, 보살은 '거친 것 중의 세밀한 것(麤中細)'과 '세밀한 것 중의 거친 것(細中麤)'으로, 붓다는 '세밀한 것 중의 세밀한 것(細中細)'으로 생하거나 멸하여" 윤회하거나 해탈하는 것이죠. "원인과 조건에 의한 생멸은 무지의 영향으로 있게 되는 것"입니다. 하여 "원인이 없어지기 때문에 상응하지 않는 마음이 없어지며, 조건이 없어지기 때문에 상응하는 마음도 없어진다"라고 하지요.

'어제'는 그저께의 내일이었고, '오늘'은 어제의 내일입니다. 오늘 하루를 어떻게 살았느냐에 따라 내일 나의 삶이 어떠할지를 엿볼 수 있습니다.

십이처설은 모든 존재를 인간의 인식을 중심으로 보는 것이며, 인간에 의해 인식되지 않은 것은 존재하지 않는다고 보는 담론입니다. 우리 눈앞에 펼쳐진 현실을 제대로 관찰하기 위해서는 일체의 구조에 대한 이해가 전제되어야 합니다. 십이처는 우리가 의지해야 할 경계이며 우리 삶의 모든 것이기 때문입니다.

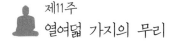

제11주
열여덟 가지의 무리

十_십
八_팔
界_계

우리의 실존적 삶은 폭포수처럼 이어집니다. 우리 의식 역시 연속과 불연속의 지평을 오가며 삶을 열어가지요. 하루 24시간은 나의 삶의 총화입니다. 어제의 나의 삶은 오늘의 나의 삶에 깊은 영향을 미칩니다. 아울러 오늘의 나의 삶은 내일의 나의 삶에 직접적인 영향을 끼치겠지요.

어젯밤 늦게까지 마신 곡차로 오늘 아침 내 삶은 한동안 취기 때문에 고생하게 되듯이 말입니다. 이것을 좀 더 넓혀 보면 전생의 나의 삶은 현생의 내 삶에 깊은 영향을 줍니다. 동시에 현생의 내 삶은 내생(來生)의 내 삶에 깊은 영향을 주지요.

만일 우리 주위에 부도덕하면서도 잘 사는 사람이 있다면 그 사람은 전생에 그가 지은 선업의 결과로 그렇게 사는 것이라 할 수 있습니다. 하지만 그 사람은 현재의 부도덕으로 인해 내생에 만족스럽지 못한 삶을 살게 될 것입니다. 또 현생에 아무리 열심히 일해도 삶이 당장 좋은 쪽으로 개선되지 않는다면 그 사람은 전생에 현재의 불만족스러운 삶을 살 수밖에 없게 한 어떠한 행위를 했겠지요. 하지만 현생의 노력은 내생의 결과를 보다 낫게 한다는 점에서 '고진감래'의 결과가 있을 것입니다.

우리가 무엇을 인식하기 위해서는 반드시 인식 주관(6근)과 인식 대상(6경)과 인식 작용(6식)의 세 가지 요소가 있어야만 합니다. 이 세 가지(三事)가 만나(和合) 일체법을 형성합니다.

여기서 일체는 여섯 가지 감각기관이 여섯 가지 감각대상을 만나 이루어내는 나의 삶의 총화입니다. 사실 일체는 이미 '십이처'만으로도 다 설명됩니다.

그런데 여기서 다시 여섯 가지의 인식행위를 덧붙이어 일체를 십팔계라고도 합니다. 즉 안근(眼根)으로 사물(色境)을 보는 활동 내지 그 영역인 안식(眼識), 이근(耳根)으로 소리(聲境)를 듣는 활동 내지 그 영역인 이식(耳識), 비근(鼻根)으로 냄새(香境)를 맡는 활동 내지 그 영역인 비식(鼻識), 설근(舌根)으로 맛(味境)을 맛보는 활동 내지 그 영역인 설식(舌識), 신근(身根)으로 촉경(觸境)을 부딪치는 활동 내지 그 영역인 촉식(觸識), 의근(意根)으로 대상(法境)을 인식하는 활동 내지 그 영역인 의식(意識)으로 이루어지지요.

십이처에 보태어진 육의식계는 육근과 육경 사이의 활동 내지 인식을 말합니다. 여기서 '계'는 경계라기보다는 '무리' 내지 '부류' 혹은 '종류' 내지 '층'을 의미합니다. 그 때문에 십팔계는 '내 앞에 나타나 있는 대상'과 그것을 중심으로 그에 인연하고 있는 '한 무리의 법'을 잘 보여주고 있습니다. 이렇게 보면 십팔계는 열여덟 가지의 '부류' 혹은 '종류', 또는 층, 내지 '무리(類)'를 의미하지요.

『잡아함경』의 「합수성유경(合手聲喩經)」은 십팔계의 속성에 대해 이처럼 설하고 있습니다. "두 손이 마주쳐 소리를 내는 것과 같이, 안 근과 안색을 인연하여 안식이 생긴다. 이 세 가지가 화합한 것이 부 딪침(觸)이니, 부딪침과 함께하면 느낌(受)과 지각(想)과 생각(思)이 생긴다. 그러나 이 모든 법은 '나'가 아니요, 항상함도 아니니, 이것은 덧없는 '나'요, 항상함도 아니며, 안온(安穩)도 아니며, 쉽게 변하는 '나'이니라"고 말합니다. 여기서 한 손은 감각기관이며 다른 한 손은 감각대상이죠. 그리고 손뼉 소리는 '식(識)'을 말합니다.

이처럼 내 안근과 안색이 인연하여야 비로소 안식이 생기는 것처럼, 내지 의근과 법경이 인연하여 비로소 의식이 생기는 것이죠. 그런데 육근 이 실체가 아닌 것처럼 육경도 실체가 아닙니다. 동시에 육식도 실체가 아닙니다.

십팔계설은 물질적인 것과 정신적인 것의 참모습을 보여줌으로써 그들에 대한 집착을 끊게 합니다. 그 때문에 이 십팔계설은 정신적인 것과 물질적인 것을 실체시하고 영원시하는 하근기(下根機)를 위한 담론으로 알려져 있습니다.

하지만 붓다의 화법이 대기설법이듯 현실적 인간의 인식활동의 전체가 십팔계라는 점에서 보면 이것을 낮은 교설이라고만 단정할 수는 없습니다. 왜냐하면 '일체중생 실유불성'의 담론에서 보면 "근기는 끈기"일 수밖에 없기 때문입니다.

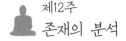

제12주
존재의 분석

阿아
毘비
達달
磨마

'나는 누구인가'라는 물음은 다시 '인간이란 무엇인가', 그리고 시간적으로 변화하고 공간적으로 점유하는 성질을 지닌 '존재란 무엇인가'라는 물음으로 이어지게 됩니다.

이 화두는 자기 부정, 즉 자기 동일성을 부정하는 불교의 전통에서 특히 집중적으로 탐색되어 왔지요. 불교의 벼리는 끊임없이 자기를 부정하는 것이죠. 실체가 없다는 공(空)에 집착하게 되면 다시 그 공조차도 공하다(空相亦空)는 '공공(空空)'을 역설합니다.

이것은 무엇이 있다는 것, 즉 변하는 것 가운데에서 변하지 않는 무엇을 찾는 인간의 또 하나의 갈망에 의해 설정하려고 하는 그 무엇까지도 이미 간파하고 부정하는 것이지요. 이렇게 철저하게 자기를 부정할 때 참다운 자기가 드러나게 된다고 합니다. 즉 투철한 부정 위에서만 참다운 긍정이 이루어진다는 것이죠. 그래서 "내가 없다"는 통찰 위에서 무아 보살행이 성립되는 것입니다.

연기-무자성-공만을 얘기하지 않고 연기-무자성-공이기 때문에 자비가 있게 된다는 인식의 전회를 보여주는 것이죠. 그 때문에 근본 불교 이래 '무아'설은 고정불변하는 어떠한 실체(아트만)를 부정함으로써 보다 적극적인 자비행을 역설하고 있는 것입니다.

인도 아리안의 3,500여 년 종교철학은 한마디로 '베다와 베다의 각주'라고 할 수 있습니다. 붓다는 사성제를 이해시키기 위해 리그베다 성립 이래 인도 전통의 소박한 업보 윤회의 담론인 삼론(三論)을 수용하여 차제설법으로 이끌어갔지요.

먼저 가난한 사람이나 수행자에게 먹을 것과 옷가지를 베풀게 하는 '시론(施論)', 살아 있는 것들을 죽이지 않고, 주지 않는 것을 훔치지 않으며, 배우자 이외의 이성을 맞아들이지 않으며, 거짓말을 하지 않고, 참 나를 잃어버리게 하는 술 등을 마시지 않겠다 하는 '계론(戒論)', 좋은 까르마(행위)의 결과를 남기게 되면 죽은 뒤에는 천상계에 태어나 행복한 생활을 누릴 수 있다 하는 '생천론(生天論)'을 설해 상식적인 업보설을 믿지 않는 이들에게 불교의 진리를 이해시키고자 했습니다. 하여 붓다는 이러한 소박한 업보 윤회사상을 받아들여 정교하게 가다듬고 널리 알렸지요.

그런데 부파불교의 수행자들은 무아설과 윤회설의 충돌을 깊이 고뇌했습니다. "'내'가 없다"면 윤회를 통해 환생하는 '나'는 어떻게 성립될 수 있느냐는 것이죠. 하여 설일체유부에서는 "'나'는 실체가 없지만 '나'를 구성하고 있는 요소들은 항구적으로 존재한다(三世實有, 法體恒有)"라고 주장했습니다.

이는 존재의 현현과 작용은 현재의 순간뿐이지만 존재의 체성은 과거－현재－미래 삼세를 통해 실체로서 존재한다는 것이죠. 이들은 우리가 지은 행위의 효력과 작용을 통해 삼세를 이을 근거를 확보하려고 했습니다.

또 경량부는 존재를 "순간순간 변하는 현상들의 연속"으로 파악하고 지각에 대해 회의했지요. 즉 존재란 단지 순간순간 변하는 겉모습(相)일 뿐이며 과거와 미래에는 실체가 없고 현재만 존재한다(過未無體, 現在有體)는 뜻입니다. 다시 말해서 존재가 끊임없이 변한다면 우리가 지각하는 순간 그 사물은 이미 지나가고 우리 의식 속에는 지나간 대상에 대한 인상(印象)만 남는다는 것입니다.

그렇다면 실제의 사물과 인상은 같을 수 없게 되고 남는 것은 오직 그 사물의 이름뿐(唯名)이라는 것이죠. 독자부 역시 '오온과 같지도 않고 오온을 떠나서도 있지 않는(非卽非離蘊)' 푸드갈라(神我)를 윤회의 주체로 설정함으로써 무아설과 윤회설의 충돌을 완화시키려 했지요.

그 때문에 부파불교 수행자들이 고요한 승원에 앉아서 개인의 구제와 존재의 분석에만 치중했다는 비판은 한 면만을 바라본 것입니다.

그들은 업보와 윤회를 통해 '이전의 나'와 '지금의 나'의 '상속' 혹은

'연속'을 모색했던 것이죠. 즉 불교의 근본 세계관인 무아설을 위반하지 않으면서 윤회의 주체를 설정하려 했고, 외계의 '실재성의 혐의'로부터 벗어나기 위해 그 주체(존재)를 끊임없이 분석하는 노력을 기울였던 것입니다.

그러한 노력이 불교의 존재론적 담론의 지평을 한껏 넓혔고 현대 물리학에 근원적인 모티프를 제공했다고 할 수 있습니다.

* 부파불교의 발달 1-2   * 대승불교의 실천 1-3

분류	部派(阿毘達磨, 히나야나) 불교	大乘(마하야나) 불교

교단	根本분열 : 上座部와 大衆部
	枝末분열 :
	  대중부 ─ 계윤부 ─ 다문부 ─ 설가부
	           ├ 일설부
	           └ 제다산부
	  상좌부 ─ 화지부 ─ 설일체유부 ─ 음광부 ─
	           설전부 ─ 경(량)부
	
	      └ 독자부 ─ 법상부
	              ─ 현주부
	              ─ 밀림산부
	              ─ 정량부
	部派불교는 인도불교를 지탱한 주요 기둥이었음
		佛塔신앙을 계기로 새로운
		出家보살과 在家보살
		  재가 신자의 獻供에 의해 유지
		
		法顯(405~410년 인도 체재)의 『불국기』
		玄奘(629~645년 인도 체재)의
		『대당서역기』
		대승 사원 2할 4푼
		소승 사원 6할
		(소승 겸학 사원 1할 6푼)

교단 성격	자기만을 위한 구원에 힘쓰기 위해 폐쇄된 승원 속에서 대중과 떨어진 채 수행하고 衒學的인 연구에 몰두함 종교의 보편적 이념인 사회구제에 등한시	자기를 넘어서서 생각하고 남을 위해서 기꺼이 자기를 버리는 이상적 인간상(보살)을 제시함
主導	出家者 중심의 승단	在家者 중심의 모임 : 보살 가나(衆)·재가 보살
성격	존재의 분석에 치중	반야바라밀행에 치중

분류	部派(阿毘達磨, 히나야나) 불교	大乘(마하야나) 불교
存在 이해	시간적으로 변화(變)하고 공간적으로 거리끼는(碍, 有對) 것 5위 75법 : 1心王 - 46心所 - 11色 - 心不相應行 - 　　　　無爲法 心所구성 6法 : 10大地 - 10大善地 - 2大不善地 　　　　　6大煩惱地 - 10小煩惱地 - 8不定法	緣起·般若·空觀적 이해 5위 100법 : 心王 - 心所 - 心所 구성 6법 : 遍行 - 別 　　　　隨煩惱 - 不定
교리	四(聖)諦 중심 - 현실의 확인(苦) : 개인의 실존적 반성 - 현실의 원인의 분석(集) - 이상의 달성(滅) - 이상 달성 방법의 모색(道) : 실천(수행)	(불)보살의 지혜(空)와 자비 十信 + 十住 + 十行 + 十廻向 + 十地 보살位, 佛位(50위 + 等覺 + 妙覺위) 六바라밀 + 方便 + 願 + 力 + 智(+ +바라밀) 普賢行願, 四攝法, 四無量心
達摩	달마(法)의 이론 : 달마(法體)의 실재성(恒有) 과거 현재 미래에 걸쳐 존재(三世實有)	아비달마의 달마(法)의 이론 비판 달마의 실재성 비판 : 空
業	행위(業)의 이론 : 개체적 업의 필연성 주장 有爲 : 인과 관계가 있는 달마 無爲 : 인과 관계를 떠난 달마 有漏 : 번뇌가 있는 달마 無漏 : 번뇌가 없는 달마 ┌ 苦 ┌ 有漏 ┤ 集 ┬ 有爲 │　 │ 道 └ 無漏 ┴ 滅 ─ 無爲 드러난 행위(表業)와 숨겨진 행위(無表業) 　　　┌ 身表業 　┌身業┤身無表業 三業┤語業┤語表業 ┐五業 　│　 └語無表業 ┘ 　└意業 ─ 意業 　　　┌ 善 ─ 樂의 異熟果를 낳는다 業┬有漏業┤惡 ─ 苦의 이숙과를 낳는다 　│　 └無記 ─ 異熟果를 낳지 않는다 　└無漏業 모두 善 ─ 涅槃으로 인도한다	아비달마의 행위(業)의 이론 비판 개체적 업의 필연성 비판 : 廻向 廻向 : 대승의 종교적 이념 　　　대승의 보편적 중생구제의 이념 확인 空 : 회향의 논리적 기반 　　　수행자의 자기반성 - 업의 필연성 인정? 發(<아뇩다라삼먁삼>보리)心하는 존재로 서의 인간 (깨달음을 廻向하기를)誓願하는 존재로서 의 인간 내 살갗을 벗겨 종이로 삼고(剝皮爲紙) 내 뼈를 쪼개 붓을 삼으며(析骨爲筆) 내 피를 뽑아 먹물로 삼아(刺血爲墨) 경전을 베껴 써서(書寫經典) 수미산만큼 쌓더라도(積如須彌) 진리를 소중히 여기므로(爲重法故) 내 몸과 목숨을 아끼지 아니한다(不惜身命) (보현보살이 선재동자에게 한 법문)

* 부파불교의 발달 1-2(계속)   * 대승불교의 실천 1-3(계속)

분류	部派(阿毘達磨, 히나야나) 불교	大乘(마하야나) 불교
道	見道 : 진리의 관찰(見道)에 들어간 이후는 無漏의 지혜로써 見所斷의 번뇌를 단절시켜나가는 과정 修道 : 오랫동안의 마음의 수련(修道)을 통해 修所斷의 번뇌를 끊는 과정 4禪과 4無色定 욕계 — 貪瞋痴慢 — 欲界地 —— 9品 색계 — 貪痴慢 — 初禪地 —— 9品 / 第二禪地 —— 9品 / 第三禪地 —— 9品 / 第四禪地 —— 9品 無色界 — 貪痴慢 — 空無邊處地 —— 9品 / 識無邊處地 —— 9品 / 無所有處地 —— 9品 / 非想非非想處 - 9品 修所斷의 煩惱 … 81品	*『법화경』「常不輕菩薩品」의 '나는 당신을 공경하며 깔보지 않습니다.' * 會三歸一, 開權顯實 聲聞 : 양이 끄는 수레(羊車) 獨(緣)覺 : 사슴이 끄는 수레(鹿車) 菩薩 : 송아지가 끄는 수레(牛車) 부처 : 한마리큰흰소가끄는수레(一大白牛車) * 一大事 因緣 중생에게 깨달음의 길을 열어(開) 주고 중생에게 깨달음의 모습을 보여(示) 주고 중생에게 깨닫게(悟) 하여 중생에게 깨달음의 세계에 들게(入)하기 위함
修行法과	無學道 : 견소단과 수소단의 일체의 번뇌를 남김 없이 끊었을 때 출현하는 경지 - 이미 수행의 도가 아닌 그 목표	몸은 깨달음의 나무요(身是菩提樹) 마음은 밝은 거울과 같도다(心如明鏡臺) 언제나 부지런히 털고 닦아(時時勤拂拭) 티끌이 일어나지 않게 하라(勿使惹塵埃) (玉泉 神秀의 노래)
修行觀	4向4果 : 預流 : 처음으로 진리의 흐름에 들어간 이 一來 : 다시 한번 이 세상에 돌아오는 이 不還 : 두번 다시 욕계로 돌아오지 않는 이 阿羅漢 : 공양을 받을 만한 이	깨달음엔 본디 나무가 없고(菩提本無樹) 밝은 거울 또한 거울이 아니네(明鏡亦無臺) 본디 한 물건도 없는데(本來無一物) 어디서 티끌이 일어나리오(何處惹塵埃) (大鑑 慧能의 노래)
煩惱	『아함』7隨眠 : 貪·瞋·見·疑·慢·有貪·無明 說一切有部의 98종 隨眠說 隨眠(anuśaya) : 일반적인 기질, 경향, 성향 나쁜 경향, 나쁜 자질. 煩惱와 동의어 漏 : 흘러나옴, 유출된 것 暴流 : 세차게 흐르는 것 結 : 결합시키는 것 纏 : 달라붙는 것 軛 : 붙잡아 매듯이 구속하는 것 縛 : 속박하는 것 繫 : 동여매는 것 蓋 : 지혜를 가리는 것. 『아함경』군 출전	三處傳心 1. 靈山會上 拈花微笑 2. 多子塔前 分半座 3. 裟羅雙樹下 槨示雙趺 直指人心 見性成佛 不立文字 敎外別傳

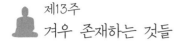

極극
微미

두 오누이가 있었습니다. 오빠는 초코파이 하나를 가지고 있었습니다. 누이가 오빠에게 초코파이를 '조(쬐)금만 줘' 했습니다. 오빠가 주지 않자 다시 동생은 '눈곱만큼만 줘'라고 했습니다. 그다음엔 어떤 말로 해야 '눈곱보다' 작은 것을 형용할 수 있을까요?

가장 작은 단위 혹은 물질(우리말로 '몬', 物)을 일컬을 때 우리는 대개 '극미' 혹은 '인허'(隣虛)라고 부릅니다. 그런데 존재를 얼마만큼 쪼개야 이렇게 부를 수 있을까요?

부파불교 수행자들은 불교의 근본교설인 무아설을 위배하지 않으면서 윤회의 주체를 설정하려 했습니다. 그 때문에 윤회의 주체를 세우면서도 실체의 혐의로부터 벗어나기 위해 '비즉비리온아(非卽非離蘊我)', 혹은 '찰나생(刹那生) 찰나멸(刹那滅)'과 같은 표현을 통해 끊임없이 쪼개고 해체하였죠.

실체를 세우지 않으면서도 자기 동일성을 해명하려는 이러한 노력은 물질적 존재에 대해 덧붙인 설일체유부의 다섯 가지의 설명에서 잘 드러나고 있습니다. 이를테면 색(色)이란 ① 파괴되는 것이며, ② 네 원소(四大)와 네 원소에 의해 존재하는 것(四大所造色)이며, ③ 오근(五根)과 오경(五境)과 무표색(無表色)의 열한 가지의 달마이며, ④ 무표색을 제외한 원자의 집합으로 구성되어 있으며, ⑤ 색이 생겨날 때 여덟 가지가 함께 생겨난다고 말이죠.

여기서 우리는 원자설에 대해 주목하게 됩니다. 불교에서는 '극미', '인허' 등의 기호로 가장 작은 단위의 존재를 표현합니다. 극미는 '극한의 미립자', 즉 '지극히 미미한 존재'를 일컫는 것이지요. 그 이상 나눌 수 없는 근본 물질인 원자는 원자핵과 전자로 이루어져 있습니다.

원자를 구성하고 있는 소립자의 하나인 전자는 다시 더 작아져 현대물리학에서는 '쿼크'라는 최소단위로 명명하고 있습니다. 너무나 작아서 '있는 듯 마는 듯' 하고, '보일 듯 말 듯' 한 존재이죠. 원자 한 개를 중심으로 전·후·좌·우·상·하에 각기 하나의 원자가 결합되어 일곱 개의 원자가 모인 것을 '하나의 미취'(一微聚)라 했습니다.

이 미취가 일곱 개 모인 것이 일금진(一金塵), 이 금진이 일곱 개 모인 것이 일수진(一水塵), 이 수진 일곱 개가 모인 것이 일토모진(一兎毛塵), 이 토모진 일곱 개가 모인 것이 일양모진(一羊毛塵), 이 양모진 일곱 개가 모인 것이 일우모진(一牛毛塵), 이 우모진 일곱 개 모인 것이 일극유진(一隙遊塵)이라 하고, 이 극유진 일곱 개가 모인 것이 '서캐'이며, 이 서캐가 일곱 개 모인 것이 '이'이며, 이 '이' 일곱 마리가 모여 '밀' 하나를 형성하며, 이 '밀' 하나는 칠의 십 승(282,475,249) 개의 원자가 모인 것입니다. 하지만 원자 역시 시간적 지속성을 갖지 못하고 순간적으로 생멸할 뿐이죠.

부파불교 수행자들이 고요한 승원에 앉아 이렇게 존재를 쪼개고 해체했던 까닭은 결국 윤회의 주체 설정과 그것의 실체성 인정 혐의로부터 벗어나기 위함이었죠.

이들은 처음 고요한 승원에 앉아 존재분석과 개인적인 깨달음에만 집중했습니다. 이때 재가자들은 참다운 불교 정신으로 돌아가자며 불탑신앙을 일으키게 되죠. 이 때문에 시주자들의 보시로 운영되던 교단은 심각한 재정적 위기에 봉착하게 됩니다. 때마침 4차 경전 결집이 이루어지면서 신앙의 전환운동이 일어나고 대승경전(반야부)에는 공덕사상이 실리게 되죠. 결국 벌판에 세워진 불탑을 승원 내부로 옮겨오게 되고, 탑 속에 들어 있던 사리가 경권(경전)으로 대체되면서 대승경전의 대중화가 본격화됩니다. 이후에는 경전과 사리를 아울러 봉안하면서 불교 교리를 충돌 없이 설명해주지요.

현장 법사의 『대당서역기』의 기술에 따르면 7세기 초중기 인도불교의 신앙형태는 아비달마적 신앙이 6할, 대승이 2할 4푼, 나머지 1할 6푼은 대소승겸학이었다고 합니다. 이렇게 본다면 인도불교의 주축은 부파불교라 할 수 있죠.

아비달마 논사들은 현실의 확인을 위한 '달마'와 개인의 실존적 반성을 위한 '업'의 이론을 정치하게 발달시켰습니다. 이들에겐 무엇보다 수행자의 자기반성과 현실에 대한 정확한 이해가 최우선이었습니다. '울타리가 텅 빈 존재(隣虛)', '겨우 존재하는 것들(極微)'의 개념이 탄생한 것도 이 때문이었습니다.

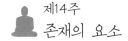

제14주
존재의 요소

五 오
位 위
七 칠
十 십
五 오
法 법

모든 사람들에게 가장 큰 화두는 '존재'라는 기호일 겁니다. 그것이 사물이든 사람이든 말이죠. 가수 김종환의 「존재의 이유」라는 노래처럼, 너와 나, 꽃과 나무와 새들 모두가 존재입니다. 그렇다면 존재는 어떻게 구성되어 있을까요? 사실 '있는 것'은 '있지 않는 것'을 설명함으로써 그 의미를 드러낼 수 있습니다.

불교 경론에서는 '토끼의 뿔(兎角)'이나 '거북의 털(龜毛)', '허공의 꽃(虛空華)', '돌여인의 아이(石女兒)' 등등의 비유를 통해 '있지 않은 것'을 나타냅니다. 이들 모두 실체가 없는데도 그것이 있다고 집착할 때 생겨나는 환영(幻影)들이지요.

아비달마불교에서는 존재의 요소를 다섯 가지(五位)로 나누었습니다. 세친은 바수미트라(世友)가 나눈 이 오위를 자신의 『구사론(俱舍

論)』에서 원용했지요. 중국의 현장이 이『구사론』을 번역하자 그의
제자 보광(普光)은 자신의『구사론기(俱舍論記)』에서 세친『구사론』
의 색법(달마)들을 총 정리하여 75종의 달마로 확정해냈습니다.

이렇게 되어 세친의『구사론』의 체계는 5위 75법으로 자리 잡게
되지요. 오위는 물질적인 존재이자 물질과 감각의 대상인 색법(色法,
11종), 모든 것의 근거인 마음(心王法, 1종), 마음에 속하는 인식 작용
(心所法, 46종), 마음에 상응하지 않는 것(心不相應行法, 14종), 만들어
지지 않은 것 내지 생멸 변화가 없는 것(無爲法, 3종)을 총칭합니다.
여기에서 '만들어진 것', '형성된 것'이 있다는 '유위'는 3종의 무위를
제외한 72종이지요.

제행이 무상하다고 할 때의 '행'(형성, 만듦)처럼 말이죠. 이렇게
본다면 '행'은 '업의 소산'이며 그것은 생멸 변화의 과정에 있는 것으
로 이해할 수 있습니다.

아비다르마에서 '아비(Abhi)'라는 말 자체는 이미 '눈앞에'라고 말
할 수 있는 정도로 존재 '를 마주해', 대상 '을 마주해' 가까이 있음을
나타내는 접두사입니다. '다르마'는 보전하는 것, 질서, 원칙, 관습,
성질, 가르침, 최고 원리, 성전, 원인, 기준, 지지자 등등의 의미가 있
지요. 이 가운데에서 '아비다르마'라고 할 때의 다르마의 의미는 부
처님의 가르침인 '교법', 즉 그 가르침인 사성제와 열반입니다.

아울러 다르마는 '자성을 떠맡아 지니고서 사물에 대한 이해를 일
으키는 규범(任持自性, 軌生物解)'을 말합니다. 이때의 다르마는 존재

의 구성요소로서 가장 구극(究極)적인 단위를 일컫는 것이죠. 사물의 총화인 세계는 여러 가지 현상이 차례차례 생겨나 온갖 변화의 양상을 드러냅니다.

하지만 이 과정에서도 변화하지 않는 것 혹은 스스로의 존재방식을 계속 잘 보유하는 것이 있겠지요. 다르마는 바로 존재의 가장 구극적인 요소, 바로 이것을 말합니다. 물질을 뜻하는 우리말 '몬'은 곧 일본어에 살아 있는 '모노(物)'의 홑음절인 것이죠.

색법은 다섯 가지 감각기관(五根)과 다섯 가지 감각대상(五境)에다 무표색(無表色)을 더한 것입니다. 이 무표색을 세친은 무표업(無表業)으로 보지요. 이는 '업의 종자' 또는 '생각(思)의 종자'로 보는 관점입니다. 유식에서는 이를 의식의 대상인 법처에 포함되어 있는 색(法處所攝色)으로 명명합니다.

즉 소립자 등과 같은 이론상의 구극적 물질이거나 계체(戒體)이거나, 실체가 없는 허망한 변계소집성의 색 등으로 설명되기도 하죠. 5위 75법 가운데에서 심소법(46종)은 생기하는 범위가 큰 달마(大地法, 10종), 일체의 선한 마음에 동반하는 것(大善地法, 10종), 일체의 불선한 마음과 함께하는 것(大不善之法, 2종), 일체의 불선한 마음과 수행에 방해되는(有覆) 무기의 염오된 마음과 함께하는 것(大煩惱之法, 6종), 어떤 종류의 불선한 마음과 유부 무기의 마음과만 동반하는 것(小煩惱之法, 10종), 선한 때와 불선한 때와 선도 불선도 아닌 마음과 동반하는 것(不定地法, 8종)으로 나눠집니다.

하지만 유식에서는 심왕법 7가지, 심소유법 5가지, 심불상응행법 10가지, 무위법 3가지가 덧붙어 100법이 됩니다.

이는 소승아비달마(부파)가 대승아비달마(유식)로 옮겨가면서 심작용이 더 세분화되었음을 보여주는 근거가 됩니다. 존재에 대해 이처럼 정치하게 분석한 사유는 일찍이 없었습니다. 이 때문에 존재를 분과하여 구명하는 학문인 아비다르마를 '존재의 과학'이라고 하는 것이지요.

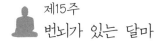

제15주
번뇌가 있는 달마

有 유
漏 루

나른한 봄날이 되자 돋보기를 든 아이들이 담장 밑에 모여듭니다. 아이들은 돋보기 속에다 햇빛을 한 점으로 모아 종이를 태우지요. 이때 햇빛은 돋보기 속의 한 점을 향해 끊어짐이 없이 빛을 집중해야만 구멍을 낼 수 있습니다. 초가집 추녀 끝의 낙숫물도 바위의 한 지점에 지속적으로 물방울을 떨어뜨려야 구멍을 뚫을 수 있듯이 말입니다.

우리의 의식이나 시선이 바위의 어느 한곳을 향할 땐 '다른 생각'과 '다른 사물'이 들어오지 않습니다. 마치 고양이가 쥐 잡듯, 닭이 알 품듯, 주린 사람이 밥 생각하듯, 목마른 사람이 물 생각하듯, 아기가 엄마 생각하듯, 앞생각과 뒷생각이 서로 끊어짐이 없이 샘물 흘러가듯 언제나 정신이 또렷하고 깨끗이 하기 때문이지요.

이처럼 우리의 마음이 어느 한곳에 몰입할 때는 끊어짐이 없는 직선과도 같습니다. 다른 무엇이 끼어들 틈이 없는 직선 말이죠. 동시에 안으로부터 바깥을 향해 새어나갈 무엇도 없게 됩니다. 그야말로 물 샐 틈 없이 하나의 주제 내지 한 지점에 대해 빽빽이 하고 촘촘히 하면 빠져나갈 의식이 따로 존재할 수 없습니다. 하지만 한순간 딴 생각을 하면 그 직선은 이내 끊어져 점선이 되겠지요.

그리고 점선과 점선 사이로 다른 생각이 끼어들고 말겠지요. 마치 지붕을 단단히 이지 못하면 비가 새듯이, 몸 관리를 제대로 못 하면 바이러스가 뚫고 들어오듯이 말입니다. 이렇게 안팎으로 새는 것을 유루(有漏)라고 합니다.

유루(sasvara)에서 '루(漏, asrava)'는 '새다', '구멍을 뚫다', '누설하다'는 뜻을 지니고 있습니다. 즉 우리의 여섯 가지 감각기관(六根)으로부터 '흘러나온 것', '유출된 것'을 의미합니다.

육근에서 객관대상을 향하여 끊임없이 허물을 흘려낸다는 뜻입니다. 아울러 번뇌에 따라 생겨나는 뜻을 지닌 존재를 의미하지요. '루'는 번뇌와 상응하는 개념입니다. 탐내고 성내는 등의 미혹처럼 우리의 마음을 번거롭게 하고 수고롭게 하는 것이지요. 이처럼 유루는 사성제의 고제(苦諦)와 집제(集諦)를 일컫기도 하고 색계와 무색계의 번뇌라고 말하기도 합니다.

모든 존재는 번뇌를 수반하고 있지요(有漏). 이 말은 일체 존재는 '번뇌의 대상'이거나 '번뇌를 수반'하며 존재한다는 것입니다. 동시에 번뇌가 그 위에 힘을 발휘하고 그것을 더럽게 물들이는 것이죠. 업과 윤회의 세계에 사는 모든 존재는 선한 것, 악한 것, 선하지도 않고 악하지도 않은 것의 속성을 지니고 있습니다. 이러한 속성을 지니고 있는 곳이 바로 미혹의 세계입니다.

이 미혹의 세계는 인간이 취할 것이 아닙니다. 그래서 세 갈래 현실 세간(三界)이나 여섯 가지 윤회의 길(六趣), 네 가지 삶(四生)에 생하고 멸하는 윤회의 연쇄는 단절되어야 하지요. 업과 번뇌에 지배되는 미혹의 세계를 추월하여 궁극적 진실인 깨달음의 길로 나아가는 이유가 바로 여기에 있는 것입니다.

무루(無漏)는 번뇌와 함께 있지 아니하는 것이자 깨달음의 영역에 속하는 것입니다. 붓다는 번뇌의 대상은 되지만 유루는 아니지요. 붓다는 깨달음의 영역(세계)에 속해 있습니다. 깨달음의 영역은 무루업에 의해 모두 선(善)인 열반으로 인도하지요.

번뇌와 함께하는 미혹의 세계(有漏業)는 즐거움의 이숙과(異熟果)를 낳는 선(善), 괴로움의 이숙과를 낳는 악(惡), 즐겁지도 않고 괴롭지도 않아 즐거움 내지 괴로움의 이숙과를 낳지 않는 무기(無記)로 분기됩니다. 그렇다면 어떻게 해야 번뇌가 있는 달마(有漏)를 없애고 번뇌가 없는 달마(無漏)를 획득할 수 있을까요?

결국 '몰입' 내지 '집중'이 문제될 것입니다. 돋보기의 한 점이나, 낙숫물의 한 지점은 모두 분산 없이 모은 '한 생각(一念)'입니다.

그래야만 직선과도 같이 상속하는 무루의 지혜를 이어갈 수 있을 것입니다. 『대승기신론』의 심진여문과 심생멸문의 두 구조는 결국 마음의 불생불멸의 측면과 생멸의 측면으로 되어 있습니다. 유루의 축은 의식의 끊어짐이 있어 생하고 멸하는 담론을 제시하고 있지요. 생멸문의 복잡한 구조처럼 말입니다.

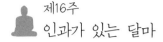

제16주
인과가 있는 달마

有 유
爲 위

지난 초봄 화분에다 배추씨를 심었습니다. 모종삽으로 골을 파고 한 톨 한 톨 씨앗을 흙 속에다 넣었지요. 그 위에 다시 흙을 덮고 물을 주었습니다. 한 열흘이 되자 씨앗이 기지개를 펴며 흙을 밀어올리고 새싹을 틔웠습니다. 여리고 해맑은 새파란 싹이었습니다. 아직 아무것에도 상처받지 않은 순수 무구 바로 그것이었습니다. 아마도 그때 흙 속에다 배추 씨앗을 심지 않았다면 지금쯤 배춧잎이 솟아올랐을 리 없을 겁니다.

이처럼 '여러 가지 원인에 따른 결과로서 만들어진 것', '원인과 결과의 관계에 있는 것', '인연에 의해 생겨난 것'을 유위(有爲)라고 합니다. 번뇌의 유무로 파악되는 것이 유루와 무루의 존재라면, 인과 관계의 유무로 파악되는 것이 유위와 무위의 존재입니다. 유위는 인과 관계가 있는 달마이지요. 씨앗(원인)이 흙들(조건)과 인연하여 생겨난 배추(결과) 역시 인-연-과의 흐름 속에서 생겨난 존재입니다.

어떠한 원인에 의해 만들어진 것(有爲)은 항상함이 없습니다. 모든 것은 원인과 조건에 의해 지어지고 만들어지기 때문이지요. 하지만 그 원인과 조건이 다하면 결과는 실체도 없이 사라집니다. 모든 존재는 인연의 다발 혹은 덩어리이기 때문이지요. 이 인연의 상속 여부에 따라 모든 존재는 생주이멸(生住異滅)을 반복합니다.

모든 존재는 탄생-지속-변이-죽음이 있지요. 인간에게는 생로병사(生老病死)가 있고, 우주에는 성주괴공(成住壞空)이 있습니다. 우리 몸은 탄생-노화-병듦-죽음의 사이클(cycle)을 경험하고, 우주는 생성-유지-파괴-소멸의 쳇바퀴를 반복하지요. 이처럼 인연으로 말미암아 조작되는 모든 현상은 모두 생주이멸(生住異滅)의 형태로 자신을 표현합니다.

오온, 십이처, 십팔계에 의해 인간의 삶을 설명하는 일체는 다양한 인과 관계를 기초로 하여 항상함이 없고 괴롭고 내가 없는 것으로 이루어진 유위의 존재이지요. 아울러 범부의 욕망과 집착으로 비롯된 유루의 존재이기도 합니다.

그 때문에 현실적 인간의 삶의 총화인 일체는 무상을 무상으로 알고 유위를 유위로 알 때 이에 대한 욕망과 집착이 소멸되어 그대로 적정하고 안락한 경지인 열반으로 전환되지요. 우리의 현실적 삶에는 인과가 있고(有爲) 번뇌가 있지만(有漏) 붓다의 열반의 경지는 인과가 없으며(無爲) 번뇌가 없는 것(無漏)입니다.

업과 번뇌의 세계로 말하면 업이 있는 것이 유위이고, 번뇌가 있는 것이 유루입니다. 인과에 의한 업이 없는 것이 무위이고, 번뇌가 없는 깨달음의 영역이 무루입니다. 그 때문에 사성제로 말할 때 유루에는 고제(苦諦)와 집제(集諦)가 있으며, 무루는 멸제(滅諦)만 해당됩니다.

아울러 유위는 고제와 집제와 도제가 해당되며 무위는 멸제만 수반합니다. 이렇게 보면 무루와 무위는 멸성제에서만 일치하지만, 유루와 유위는 고제와 집제에서는 일치하지만 유위에만 수반되는 도성제의 유무에 따라 변별됩니다.

유위에 상응하는 무위는 모든 법의 진실한 모습을 일컫는 것이지요. 원인과 조건에 의한 위작(爲作)이나 조작(造作)을 여의고 생주이멸의 네 가지 모습의 변천이 없는 진리입니다. 그 때문에 무위는 인과 관계가 없는 있는 그대로의 모습을 나타내지요. 열반(涅槃), 법성(法性), 실상(實相) 등은 모두 무위의 다른 이름입니다.

구사학에서는 택멸(擇滅), 비택멸(非擇滅), 허공의 세 가지 무위를 내세우고, 유식학에서는 허공(虛空), 택멸(擇滅), 비택멸(非擇滅), 부동(不動), 상수멸(想受滅), 진여(眞如)의 여섯 가지 무위를 내세웁니다. 이렇게 본다면 성스러운 지혜가 간택하는 힘의 유무에 따라 택멸과 비택멸이 이루어지고, 마음의 장애(煩惱障)와 무지의 장애(所知障)를 떨친 곳에서 드러나는 무위가 모든 장애를 떠나 있는 허공과 같기에

'허공무위'라 부르고 있음을 알게 됩니다.

　또 즐거움과 괴로움을 멸하고 오직 괴로움과 즐거움을 버린 것(捨受)과만 상응하는 부동무위, 상(想)도 수(受)도 멸하여 작용하지 않는 곳에서 현현하는 상수멸무위, 유위법의 본성이 무위의 실질적 성질인 진여무위로 설명됩니다. 이처럼 유위와 무위는 씨앗과 배추의 유기적 관계의 유무에 의한 달마론입니다.

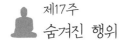

제17주
숨겨진 행위

無_무
表_표
業_업

4년마다 다가오는 국회의원 선거철입니다. 정치판 철새들이 한창 이 땅 저 땅을 오락가락하고 있으니 말이죠. 어느 곳이 제 둥지인지도 모른 채 허공을 날아다니는 철새들은 무척 초조해 보입니다. 4년 동안 자기 지역구 보금자리에서 가부좌를 틀고 앉아 아랫배에 힘을 모으며 내공을 쌓았다면 선거철마다 돈 보따리 싸들고 이곳저곳을 찾아다니지 않아도 될 텐데 말이지요.

하지만 새들의 사회는 어디나 정치판 아닌 곳이 없어서 진실만으로는 소통되지 않는다고 일찌감치 판단하고 선교방편의 약을 쓰는 것인지도 모릅니다. 그러기 위해서는 평소에 정기적으로 눈도장을 반드시 찍어두는 '사회성'이 필요한 것이겠지요.

각종 '게이트'다 '스캔들'이다 하는 것이 모두 선거 전에는 '숨겨진 행위(無表業)'였지만 선거 후 내지 '권력누수'(레임 덕, lame duck)기에 들어서면 모두 '드러난 행위(表業)'가 되고 말지요. 이렇게 본다면 드러난다는 것과 드러나지 않는다는 것은 인간이라는 동물의 예술이라 평가받는 고난도 정치게임의 승패 여부에 달려 있다는 사실을 알게 됩니다.

업은 몸(身)과 말(語, 口)과 생각(意)으로 지은 인간의 행위의 총화입니다. 업은 다시 행위 준비 단계인 의지의 발동(思)과 밖으로 드러난 행위(表業)와 안으로 숨겨진 행위(無表業)의 범주로 나뉘집니다. 의업은 '행위 준비 단계인 의지의 발동' 형태만을 취하지만, 신업과 구업은 드러난 행위와 숨겨진 행위의 두 형태를 취합니다.

업의 몸체(體)는 마음 작용(心所)인 내적인 의지 활동(思)과 의지 활동에 의해 생긴 것(思所作)을 말합니다. 이 가운데에서 무표업은 의지 활동이 숨겨진 행위이며, 표업은 의지 활동에 의해서 드러난 행위입니다.

표업은 몸과 말로 짓는 행위로 표현됩니다. 즉 마음속으로 분별하고 사유하는 생각이 외면으로 나타나 동작 내지 언어 등으로 발동되므로 사이업(思已業)이라고 하지요.

무표업은 생각으로 짓는 행위입니다. 즉 몸과 말의 행위가 외부로 표현되는 표업이 끝난 뒤에도 밖으로 표현되지는 않지만 그 선업이나 악업이 계속 상속하게 되는 행위이지요. 마음 가운데에서 여러 가지로 생각하는 것이므로 사업(思業)이라고도 말합니다.

이렇게 보면 세 가지 업은 다시 몸으로 드러난 행위(身表業)와 몸으로 드러나지 않는 행위(身無表業), 어(구)업은 말로 드러난 행위(語表業)와 말로 드러나지 않은 행위(語無表業), 의업은 생각의 행위(意業)로 변별되어 모두 다섯 가지 업(五業)으로 통섭됩니다.

그러므로 의업은 의지 활동(思)이며 신업과 어(구)업은 의지 활동에 의해 지어진 것(所作)입니다. 동시에 세간은 업이 지은 것(所産)이며, 업은 의지 내지 의업이 지은 것(所産)입니다.

『구사론』 제2장 「근품」에서 "심(心)과 의(意)와 식(識)의 몸체는 하나이다"라고 말하며, "의지 활동(思)은 능히 마음을 조작할 수 있다"라고정의하지요. 또 「계품」에는 "행(行)은 조작이라 이름하며, 의지는 업의 본성으로서 조작의 뜻이 강하다"라고 했습니다.

이렇게 본다면 '의'는 마음 또는 의식과 동일하며, 의지(思)는 마음에 행위를 일으키는 활동이며 업 또는 행이라는 범주에 속하지요. 의업도 사업(思業)도 모두 업의 작용을 일으키는 힘입니다. 하지만 이들의 주체는 모두 마음이며 이 마음으로부터 업이 생기며, 업으로부터 세간이 생긴다고 말합니다.

업은 또 번뇌가 있는 유루업과 번뇌가 없는 무루업으로 구분되지요. 유루업은 즐거움의 이숙과를 낳는 선업, 괴로움의 이숙과를 낳는 악업, 즐겁고 괴로운 이숙과를 낳지 않는 무기업으로 갈라집니다. 무루업은 열반으로 인도하므로 모두 선업이지요.

이숙과는 선과 악의 번뇌를 낳는 원인인 이숙인으로부터 받는 과 보입니다. 이숙과는 선악의 원인으로 그 결과를 대응하여 바라는 시간을 넘어서 성류(性類)를 다르게 성숙시킨 과보이지요. 결국 무표업과 표업은 숨겨진 행위와 드러난 행위의 관계 속에서 자기 업식의 정화를 도모하는 것입니다.

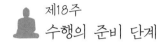

제18주
수행의 준비 단계

五停心觀

五오 停정 心심 觀관

'느림'이 화두가 되는 시대입니다. "느리게 사는 것이 가장 아름답다", "더 이상 속도의 노예가 되지 말자" 등의 구호가 눈에 띄게 많아졌지요. 모두들 문명의 속도에 쫓겨가다 보니 앞뒤와 좌우를 둘러보지 못한 탓입니다.

286컴퓨터가 나온 지 10년이 안 되었는데 벌써 386, 486을 거쳐 586 펜티엄 1, 2, 3을 지나 4 컴퓨터를 지나 i3, i5, i7까지 업그레이드되어 전국을 휩쓸고 있지요. 끊임없이 업그레이드되는 컴퓨터 세계에선 언제 또 새 기종이 나올지 알 수 없습니다. 컴퓨터 기종을 한 단계 높인다는 '업그레이드(제고)'라는 말 한마디가 이미 우리 사회의 주요 단어로 정착했으니 말이지요.

그러다 보니 문명의 기기는 끊임없이 업그레이드되는데 그것을 쫓아가기만 하는 '나는 과연 누구인가'라는 근원적인 질문에 이르게 된 겁니다. 결국 '몸'과 '마음'이 둘이 아님을 확인시켜주는 '수행'으로 눈길이 모이게 되지요. 수행에 관심을 가진다는 것 자체는 이미 몸과 마음은 떨어질 수 없다는 인식의 전환인 셈입니다.

속도와 효율성만을 최고의 가치로 여기는 현대사회입니다. 햄버거와 샌드위치로 상징되는 패스트푸드는 현대문명 사회를 압축하고 있지요. 문명의 속도가 우리 가정과 사생활을 망가뜨리고 있습니다.

호모 사피엔스로부터 시작된 인간의 사유는 문명의 첨단만을 지향해가고 있지요. 그 결과 인간 종의 멸종이라는 위기에 대비하지 않을 수 없게 되었습니다. 이럴 때일수록 느리게, 천천히, 주위를 둘러보며 가야겠지요. 더 이상 속도의 노예가 되지 않기 위해서는 '느림'이나 '게으름'의 브레이크로 속도를 줄여야 합니다. 그러기 위해서는 나의 내면을 비추어보는 수행에 대해 다시 생각하게 되지요.

수행을 하기 위해서는 많은 준비 단계가 있습니다. 올바른 지혜(마음)를 얻기 위해서는 먼저 번뇌를 끊는 단계가 있지요. 번뇌를 끊기 위해서는 우선 바른 생활 자세가 요구됩니다. 수행자 생활에서의 자율인 계를 지켜 올바른 생활을 하고, 절도와 청정함을 지켜야 하지요.

그런 뒤에 훌륭한 가르침을 듣고 스스로 사색하며 삼매를 닦음으로써 선한 지혜를 연마해야 합니다. 하여 뭇사람 속에 머무름을 피하고, 좋지 않은 마음의 활동을 피해야 하지요. 이렇게 해야만 수행자는 '진리의 그릇(法器)'이 될 수 있다고 말합니다.

수행의 준비 단계인 오정심관(五停心觀)은 마음의 다섯 가지 허물을 정지시키는 5종의 관법입니다. 먼저 욕망이 강한 사람은 대상(육신)의 부정한 모양을 관찰하는 부정관(不淨觀)을 닦아야 하지요. 즉 시신이 점차 부패하여 마침내 백골이 되기까지의 모습을 마음속으로 관상하는 것이나, 이성의 얼굴빛과 피부 빛의 아름다움 내지 용모의 아름다움과 촉감의 즐거움 그리고 기거동작의 아름다움 등의 성적 욕망을 제어하는 것입니다.

　　마음의 동요가 많은 사람은 내쉬는 숨, 들이쉬는 숨을 세어 마음의 산란을 방지하는 수식관(數息觀, 持息念)을 닦아야 하지요. 즉 호흡의 수를 세거나 무리 없이 자연스럽게 하고 마음을 자신의 코끝과 미간에 두어 몸 안의 생명을 관찰하고 생각합니다. 그런 뒤에 널리 일체의 것을 마음속으로 관찰하고 생각함으로써 점차 보다 높은 정신적 경지를 자신으로부터 이끌어내는 것이지요.

　　성냄이 많은 사람은 일체의 중생을 관찰하고 자비심을 일으켜 화를 없애기 위해 닦는 자비관(慈悲觀)을 합니다. 어리석음이 많은 사람은 십이인연이 과거 현재 미래에 걸쳐 인과 상속하는 도리를 관찰하여 어리석음의 번뇌가 일어나는 것을 정지시키는 인연관(界分別觀, 因緣觀, 緣起觀)을 합니다. 또 석가모니불 등 붓다들의 위의와 공덕을 마음으로 생각하고 관찰하는 관불관(觀佛觀)을 합니다.

　　이렇게 다섯 가지 마음의 허물을 정지시키는 단계를 거쳐 마지막 준비 단계인 신수심법(身受心法)의 사념처와 고집멸도의 사제를 번뇌 있는 지혜로써 분석적으로 반복 관찰하는 사선근(四善根)을 닦지요. 그리하여 번뇌 없는 지혜를 일으킬 수 있는 상태에 가까워져야 비로소 번뇌를 끊는 수행의 도인 삼도(三道)로 들어갈 수 있습니다.

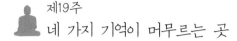

제19주
네 가지 기억이 머무르는 곳

四 사
念 념
處 처

최근 우리 사회에는 '수행'의 열풍이 일어나고 있습니다. "열심히 일한 당신, 떠나라!"라는 충격적인 광고 문구처럼 자신의 실존에 대한 고뇌를 보여주는 증거라고 할 수 있겠죠. "물질적 풍요와 정신적 공허가 반비례하는 이유는 어디에 있는가?" "남을 밀치고 여기까지 왔지만 정작 남은 것은 무엇인가?"

이런 반문이 생겨나면서 자기 자신을 찾으려는 노력이 뜨거워지고 있습니다. 모두가 걷잡을 수 없는 디지털 시대에서 잃어버린 마음을 찾아 마음의 평화를 회복하려는 열망이겠죠.

이들은 남보다 앞서간 토끼보다 거북이처럼 "느리게 사는 것이 가장 아름답다"는 것을 시나브로 알아가고 있습니다. 하지만 이들이 자본주의적 경쟁을 포기한 것은 아니겠죠. 오히려 보다 장기적인 경쟁을 위해 호흡 조절을 하고 있는지도 모릅니다.

하여튼 '밖'과 '남'에게서만 찾으려던 현대인들이 이제 '안'과 '나'에게로 시선을 돌리고 있다는 것은 매우 고무적인 일입니다. 사실 공부는 '엉덩이'로 하고 '바닥'에서 하는 것이 지름길입니다. 그렇지 않으면 문명의 속도에 가위눌린 '노예의 삶'에서 벗어나기 어렵기 때문이지요. 사념처(四念處)는 '속도의 노예'를 벗어나 자신을 찾는 수행법이자 깨달음을 얻는 지름길입니다.

대승 이전의 중심 경전인 『아함경』에는 "홀로 한 고요한 곳에서 오롯이 정밀하게 사유하라(獨一靜處, 專精思惟)"는 수행법이 거듭 나옵니다. 이는 곧 고요한 나무 아래에서 결가부좌(宴坐)하고 사념처는 "삼세제불의 수행법"(「유행경」)이며, 이것을 떠나면 "성현의 법에서 떠나고 내지 생로병사 우비고뇌를 떠나지 못한다"(「독일경」)라고 하지요. 그 때문에 "사념처에 머물러 병고가 안온"(「소환경」2)해졌으며, "사념처로서 지혜의 해탈과 마음의 해탈을 성취한다"(「유학누진경」)라고 합니다. 그러므로 "얻지 못한 것을 얻고 증득하지 못한 것을 증득하고 현재의 법의 즐거움에 머무르기 때문에 아라한도 사념처를 닦아야"(「아라한비구경」) 하며, "열반을 증득하기 위하여 사념처를 닦아야 한다"(「연소비구경」)라고 말합니다.

『중아함경』「염처경」에서는 "하나의 도에 있어 중생을 깨끗하게 하고 걱정과 두려움을 건지며, 고뇌를 없애고 슬픔을 끊고 바른 법을 얻게 하나니 곧 사념처이니라. 과거의 모든 여래 무소득 등정각은 모두 다섯 가지 장애(잠, 들뜸, 성냄, 탐욕, 의심)의 마음의 더러움과 슬기로움의 파리함을 끊고 마음을 세워 바로 사념처에 머무르고, 칠각지를 닦아 위없는 정진의 깨달음을 얻었느니라"라고 말합니다. 이들 외에도 여러 경전에서는 사념처 수행의 당위와 공능에 대해 자세하게 설하고 있습니다.

사념처는 사념주(四念住, 新譯), 사의지(四意止), 사지념(四止念), 사념(四念), 신수심법(身受心法)이라고도 합니다. 소승의 수행자가 성위(불보살위)에 들어가기 위한 방편위 가운데에서 부정관－자비관－인연관－계분별관(界分別觀)－수식관(數息觀)의 오정심관(五停心觀)을 통해 마음의 다섯 가지 허물을 정지시키죠.

그런 뒤에 별상념주(別相念住)를 통해 몸은 더럽고(不淨), 느낌(受)은 괴롭고(苦), 마음(心)은 덧없고(無常), 법(法)은 나라는 자성이 없다(無我)라 하여 신－수－심－법 네 가지를 따로 따로 관하면서 몸은 깨끗하고, 느낌은 즐겁고, 마음은 항상하고, 법은 나의 자성이 있다고 관하는 네 가지 잘못된 소견을 깨뜨려 버리게 합니다.

다시 총상념주(總相念住)를 통해 신－수－심－법의 네 대상을 총합하여 고－공－무상－무아라고 관찰합니다. 사념처는 별상념주하는 수행법입니다. 신념처(身念處)는 몸에 대한 기억이 머무르는 곳을 관찰하고, 수념처(受/覺念處)는 괴로움과 즐거움과 괴롭지도 즐겁지도 않는 세 가지 느낌이 머무르는 곳을 관찰하는 것이죠. 심념처(心念處)는 마음에 대한 기억이 머무르는 곳을 관찰하고, 법념처(法念處)

는 법에 대한 기억이 머무르는 곳을 관찰하는 것입니다.

수많은 수행법 가운데에서 좋고 나쁨을 일률적으로 단정할 수는 없습니다. 오직 수행자 자신의 몸의 조건과 깜냥에 의해 닦아야만 잃어버린 나를 찾아 마음의 평화를 얻을 수 있기 때문입니다.

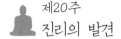

제20주
진리의 발견

見 견
道 도

길이 끝나는 곳에만 문이 있는 것은 아닙니다. 문은 길 위에 있고 길은 도처에 있지요. 우리가 걸음걸음 밟고 나아가는 곳이 모두 길입니다. 동남서북, 사유, 상하의 시방세계 그 어디에도 길 아닌 곳이 없지요. 우리가 걷는 곳이 모두 길이며, 우리가 들어가는 곳이 모두 문입니다. 이렇게 보면 문은 우리 삶의 단계 단계를 묶는 매듭이지요. 동시에 새로운 실마리이기도합니다.

　탑에도 1층 위에 2층이 있고 그 위에 3층이 자리하듯이, 우리의 현실세계도 욕망에 지배받는 세계 위에 물질에 지배받는 세계가 있고 그 위에 정신에 지배받는 세계가 있지요. 그런데 이것은 반드시 세로(重重)의 세계로만 직조되어 있는 것은 아닙니다. 가로(無盡)의 세계로 직조할 수도 있지요.

사찰은 바로 이 세로의 층위를 가로의 층위로 옮겨놓은 것이지요. 일주문에서 천왕문을 지나 불이문(해탈문)을 거쳐 큰 법당에 들어가는 것처럼 말입니다. 그런데 길이나 문에 들어서기 위해서는 해당 단계에서 반드시 끊어야 될 수면(隨眠) 내지 번뇌(煩惱)가 있지요. 이러한 수면을 끊어야 다음 단계의 관문을 통과하게 됩니다.

* 佛界와 三界의 구조

불계(佛界)			
무색계(無色界)	비상비비상처(非想非非想處) 무소유처(無所有處) 식무변처(識無邊處) 공무변처(空無邊處)		사무색범계 (四無色梵界)
공거천(空居天)	색계(色界)	제4선(第四禪)	색구경천(色究竟天) 선견천(善見天) 선현천(善現天) 무열천(無熱天) 무번천(無煩天) 광과천(廣果天) 복생천(福生天) 무운천(無雲天)	범계(梵界)
		제3선(第三禪)	변정천(遍淨天) 무량정천(無量淨天) 소정천(少淨天)	
		제2선(第二禪)	극광정천(極光淨天) 무량광천(無量光天) 소광천(少光天)	
		초선(初禪)	대범천(大梵天) 범보천(梵輔天) 범중천(梵衆天)	
지거천(地居天)	욕계(欲界)	육욕천(六欲天)	타화자재천(他化自在天) 낙변화천(樂變化天) 도사다천(都史多天) 야마천(夜摩天)	천계(天界)
			삼십삼천(三十三天) 사대왕중천(四大王衆天)	
지상(地上)		인(人) 수라(修羅)	구로주(俱盧洲) 우화주(牛貨洲) 승신주(勝身洲) 섬부주(贍部洲)	인계(人界)
지하(地下)		축(방)생(畜(傍)生) 아귀(餓鬼)		
		등활지옥(等活地獄) 흑승지옥(黑繩地獄) 중합지옥(衆合地獄) 호규지옥(號叫地獄) 대규지옥(大叫地獄) 염열지옥(炎熱地獄) 대열지옥(大熱地獄) 무간지옥(無間地獄)	

전각(殿閣) 이름	다른 이름	본존(本尊) 이름	좌우 협시(左右 脇侍)	후불 탱화(後佛幀畵)
적멸보궁 (寂滅寶宮)	사리탑전 (舍利塔殿)	진신사리 (眞身舍利)		
대웅전 (大雄殿)	대웅보전 (大雄寶殿)	석가모니불 (釋迦牟尼佛)	가섭(迦葉) - 아난(阿難) 문수(文殊) - 보현보살(普賢菩薩) 아미타불(阿彌陀佛) - 약사여래(藥師如來) 제화갈라보살(提和羯羅菩薩) - 보현보살(普賢菩薩)	영산회상도 (靈山會上圖) 삼여래탱화 (三如來幀畵)
대적광전 (大寂光殿)	비로전 (毘盧殿) 대광명전 (大光明殿)	비로자나불 (毘盧遮那佛)	노사나불(盧舍那佛)-석가모니불(釋迦牟尼佛)	삼신탱화 (三身幀畵)
극락전 (極樂殿)	무량수전 (無量壽殿) 미타전 (彌陀殿)	아미타불(阿彌陀佛)	관세음보살(觀世音菩薩) - 대세지보살(大勢至菩薩) 관세음보살(觀世音菩薩) - 지장보살(地藏菩薩)	극락회상도 (極樂會上圖) 아미타삼존탱화 (阿彌陀三尊幀畵) 극락구품도 (極樂九品圖)
약사전 (藥師殿)	유리전 (琉璃殿)	약사여래(藥師如來)	약왕보살(藥王菩薩)	약사유리광회상도 (藥師琉璃光會上圖)
용화전 (龍華殿)	미륵전 (彌勒殿)	미륵불(彌勒佛) 미륵보살(彌勒菩薩)	일광(日光) - 월광보살(月光菩薩);	용화회상도 (龍華會上圖) 미륵탱화(彌勒幀畵)
영산전 (靈山殿)	팔상전 (捌相殿)	석가모니불 (釋迦牟尼佛)	제화갈라(提和羯羅) - 미륵보살(彌勒菩薩)	영산회상도 (靈山會上圖)
응진전 (應眞殿)	나한전 (羅漢殿)	석가모니불 (釋迦牟尼佛)	가섭(迦葉) - 아난(阿難), 16나한(羅漢)	석가삼존탱화 (釋迦三尊幀畵) 십육나한도 (十六羅漢圖)
오백나한전 (五百羅漢)	나한전 (羅漢殿)	석가모니불 (釋迦三尊佛)	가섭(迦葉) - 아난(阿難), 오백나한(五百羅漢)	석가모니불 (釋迦牟尼佛) 오백나한도 (五百羅漢圖)
천불전 (千佛殿)		현겁 천불 (賢劫 千佛)		천불 탱화 (千佛幀畵)
원통전 (圓通殿)	관음전 (觀音殿) 미타전 (彌陀殿)	관세음보살 (觀世音菩薩)	남순동자(南巡童子) - 해상용왕(海上龍王)	관음탱화 (觀音幀畵) 42수(42手), 천수관음도(千手觀音圖)
명부전 (冥府殿)	지장전 (地藏殿) 시왕전 (十王殿)	지장보살 (地藏菩薩)	도명존자(道明尊者), 무독귀왕(無毒鬼王), 시왕 (十王) 등	지장탱화 (地藏幀畵) 시왕탱화 (十王幀畵)
대장경 (大藏經)	장경각 (藏經閣)	비로자나불 (毘盧遮那佛) 석가모니불 (釋迦牟尼佛)	대장경(大藏經)	
조사전 (祖師殿)	조사당 (祖師堂)	역대조사 (歷代祖師)		조사탱 (祖師幀)
독성각 (獨聖閣)		나반존자 (那畔尊者)		독성탱화 (獨聖幀畵)
산신각 (山神閣)	산령각 (山靈閣)	산신(山 神)		산신탱화 (山神幀畵)
칠성각 (七星閣)	북두전 (北斗殿)	북두전 (北斗殿)		칠여래탱화 (七如來幀畵)
삼성각 (三聖閣)		독성(獨聖), 칠성(七星), 산신(山神)		

먼저 욕계에 살면서 우리는 많은 번뇌를 지니고 살지요. 많게는 98수면(隨眠)부터 적게는 7수면이 있습니다. 본디 수면이란 '아직 행위로서 나타나지 않고 마음속에 숨어 있는 악으로의 강한 경향'을 의미했지요. 그런데 탐진치 삼독심(三毒心)과 결합하여 탐욕의 번뇌 자체인 탐수면, 미움의 번뇌 자체인 진수면, 번뇌의 무리를 나타내는 치수면이 되면서 수면의 의미가 약화되고 번뇌라는 말로 옮겨졌습니다.

이러한 번뇌들 가운데 가장 정돈된 형태가 욕탐(欲貪)수면, 진(瞋)수면, 견(見)수면, 의(疑)수면, 만(慢)수면, 유탐(有貪)수면, 무명(無明)수면의 7수면이지요.

『아함경』에서는 탐(貪), 진(瞋), 견(見), 의(疑), 만(慢), 유탐(有貪), 무명(無明)의 일곱 수면을 말합니다. 이 중에서 '탐'을 '욕탐(欲貪)'으로 대체하는 용례도 있지요. 욕탐은 욕계에서의 탐이고, 유탐은 색계와 무색계에서의 탐입니다. 또 『아함경』에서는 삼불선근(三不善根), 오개(五蓋), 사폭류(四暴流), 오결(五結) 등의 번뇌 무리도 설하고 있지요.

절집에 들어가면 "이 문안에 들어와서는 알음알이를 내지 말라(入此門內 莫存知解)"는 푯말이 자주 눈에 띕니다. 이때 알음알이란, 말 그대로 수면이자 번뇌이지요. 일으키는 것 모두가 분별이며, 분별은 언어의 다른 표현입니다. 우리가 '꽃'이라 불렀을 때 '꽃'이라는 새로운 사물이 탄생하지만 꽃 아닌 것도 동시에 생겨나는 것처럼 말입니다.

그 때문에 수행에 들어가기 위해서는 먼저 준비 단계인 오정심관(五停心觀)을 닦습니다. 그다음에 다시 사념처(四念處)와 사선근(四善

根)을 닦으며 그 뒤에 비로소 견도위에 든다고 보는 것이죠. 욕계에 사는 우리는 진리를 진리로 알기가 매우 어렵습니다. 일상의 눈을 가리고 있는 '눈의 비늘'을 떼어내야만 비로소 진리를 진리로 볼 수 있겠지요.

진리의 발견인 견도위(見道位)에 들어가기 위해서는 견도에서의 번뇌인 견고(제)소단, 견집(제)소단, 견멸(제)소단, 견도(제)소단을 관찰해 알아야만 하지요. 이들은 욕계와 색계와 무색계에 모두 속해 있으며 사성제의 네 진리를 관찰해 앎으로써 비로소 견소단(見所斷)의 88가지 수면을 끊을 수 있기 때문입니다.

견도위에서 끊어야 될 수면은 사성제와 삼계의 구별에 따라 8종으로 나뉘지요. 이 8종이 욕계의 견고소단에서 색계와 무색계의 견고소단, 욕계의 견집소단에서 색계와 무색계의 견집소단의 순서로 차례차례 단절되고, 마지막에는 색계와 무색계의 견도소단의 번뇌가 끊어질 때 비로소 일체의 견소단의 번뇌가 끊어집니다.

견도위의 수행의 길에 들어선 사람은 '고귀한 사람(聖者)'이라고 부르지요. 그에게는 욕계의 번뇌에 대해 작용하는 법지(法智)와 색계와 무색계의 번뇌에 대해 작용하는 유지(類智)가 생기합니다. 고법지인(苦法智忍)의 생기로부터 도류지(道類智)의 생기까지는 16순간이 필요하지요. 이 도류지에 의해 견소단의 마지막 번뇌가 단절되는 순간 그는 수도위에 들어가므로 이 순간을 빼고 견도15심이라고 합니다.

제21주
마음의 수련

$$修_수\\道_도$$

우리는 방편적으로 몸과 마음을 나누어 설명합니다. 몸과 마음은 본디 둘이 아니지만 삶의 두 측면 내지 두 계기를 해명하기 위해 짐짓 나눠보는 것이지요. 인간과 세계는 몸(욕계)과 마음(색계)과 정신(무색계)의 세 단계로 나눠볼 수도 있습니다. 이는 불교 수행법의 기본 틀인 계와 정과 혜의 분류 틀이지요. 즉 수행에 있어서는 몸(持戒)과 마음(禪定)의 환경을 가다듬고 난 뒤에 정신의 활동을 방해받지 않는 상태에 둔 뒤 고요하고 밝고 깨끗함(智慧)을 유지하려는 것입니다.

수행자는 먼저 '아직 행위로서 나타나지 않고 마음속에 숨어 있는 악으로의 강한 경향'인 수면과 '마음을 번거롭게 하고 어지럽게 하는' 번뇌를 끊고 수행의 준비 단계인 부정관, 수식관, 자비관, 인연관, 관불관 등의 오정심관(五停心觀)을 닦아야 하지요. 그런 뒤에 수행의 마지막 준비 단계인 사념처(四念處)와 사선근(四善根)을 닦아야 합니다.

그다음에 진리를 발견한 견도위의 사람은 견소단의 번뇌가 연속하는 15순간(預流向)에 번뇌를 모두 단절시키고 비로소 마음의 수련 단계로 나아갑니다. 그는 견도위에서 끊어야 될 모든 번뇌를 15순간을 통해 끊고 제16순간(預流果)인 수도위에 들어가는 것이지요.

수행의 길로 나아간 사람(聖者)은 '고귀한 이'로 불립니다. 그는 이미 진리의 발견인 견도위에 들어갔기 때문이지요. 그는 '진리의 흐름에 들어간', 즉 예류(預流)를 향하여 나아가는 과정인 15순간의 예류향을 지나 마음의 수련 단계인 수도위에 들어갑니다. 수행자의 수련 단계를 '수행도의 네 성과'라 하여 4과(果)라고 말합니다.

그런데 여기에서는 다음 단계의 목표를 향해 나아가는 과정인 '향'과 해당 단계의 번뇌를 끊고 얻은 과위인 '과'로 나눌 수 있습니다. 이렇게 4향 4과는 '향'과 '과'라는 두 단계를 통해 8단계의 수행계위를 형성합니다.

이 4향 4과는 번뇌를 끊기 위한 수행의 도인 삼도(三道)와 상응시킬 수 있습니다. 즉 제1단계를 견도위, 제2단계에서 제7단계까지를 수도위, 제8단계를 무학도로 짝지을 수 있습니다.

처음으로 진리의 물결에 참예한 사람(預流, 수다원)은 견소단을 다 끊는 제15순간을 거쳐 수도의 제16순간에 유루의 지혜에 의해 아직 수소단의 번뇌를 하나도 끊지 못한 예류과에 머물러 있습니다. 그는 인간과 천인의 경계 사이를 7차례 왕래하면서 14회의 생애를 살아가는 동안 반드시 깨달음의 경지에 들어갑니다. 그는 결정코 지옥과 아귀와 축생의 삼악취에 떨어지는 일이 없지요.

다시 한 번 욕망의 세상으로 돌아오는 사람(一來, 사다함)이 수행을 계속하면 욕계에 속하는 수소단의 번뇌의 제6품(中下의 번뇌)을 끊기 직전에 이르게 됩니다. 그 뒤 제6품을 끊는 순간 일래과를 얻게 되지요. 이 단계에 이르면 인간과 천인 사이를 오직 한 번 왕래하는 사이에 필히 깨달음에 이르게 됩니다.

두 번 다시 욕망의 세상으로 돌아오지 않는 사람(不還, 아나함)은 욕계의 수소단의 번뇌의 제9품(下下의 번뇌)을 끊기 직전에 이르게 됩니다. 거기에서 제9품을 끊는 순간 불환과에 이르게 되지요. 이 사람은 다시 욕계로 돌아오는 일이 없게 됩니다.

불환과를 얻은 뒤에 색계와 무색계의 수소단의 번뇌를 끊는 과정인 아라한향을 거쳐 수행 과정이 끝나는 무학도에 이르게 되지요. 그는 더 이상 배울 것이 없어 공양을 받을 만한 사람(阿羅漢)이 된 것입니다. 모든 번뇌가 단절되어 생사윤회로부터 벗어나 깨달음의 영역으로 진입한 것이지요.

비유해보면, '철학 산책'이 명강의라는 소문을 듣고 수강신청을 하는 단계가 예류(향/과)입니다. 그런데 아상을 지닌 채 강의를 듣다 보니까 소문과 달리 별 볼 일 없다고 여기고 집에서 남들과 텔레비전을 보며 수다를 떠는 것이 일래(향/과)입니다. 비록 그것이 아무런 소득이 없다 생각하지만 다시 와 열심히 강의를 들으며 욕망의 유혹으로 돌아가지 않는 것이 불환(향/과)이지요. 그런 뒤에 배울 것을 다 배운 자인 아라한(향/과)이 되면 빛나는 졸업장을 받는 것입니다. 이처럼 오랫동안의 마음의 수련을 거친 뒤에 비로소 아라한이 되는 것이지요.

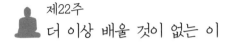

제22주
더 이상 배울 것이 없는 이

無 무
學 학
道 도

학문이란 본디 묻고 배우는(問學) 것입니다. 소크라테스는 "너 자신의 무지를 알라"라고 했지요. 공자도 자로(由)에게 "아는 것을 안다고 하고 모르는 것을 모른다고 하는 것, 이것이 참으로 아는 것이다"라고 했습니다.

붓다 역시 생로병사에 대한 '무지의 자각'을 통해 일상의 틀로부터 분연히 일어나 수행자(出格丈夫)가 되었지요. 이렇게 보면 대성인들은 모두 '내가 무엇을 모르는지를 아는 것'으로부터 출발했다는 것을 알 수 있습니다. 그들은 모두 나와 남, 안과 밖을 향해 '물었던 것'이지요. 그리하여 '내 안'으로부터 답을 찾아 '알게 된 것'입니다.

수행자는 평생을 묻고 배우는 사람입니다. 내가 누구인지, 존재가 무엇인지, 진리가 무엇인지 등등의 화두를 부여잡고 한 길로 몰입해 나아가지요. 하여 목숨을 걸고 백 척의 장대 끝에서도 한 발음 더 나아가는(百尺竿頭進一步) 일대 정진이 이루어지는 것입니다.

그렇게 정진하여 목표를 이루고 나면 '더 이상 배울 것이 없는' 아라한에 이르게 됩니다. 아라한은 '있는 그대로 바라보는 올바른 지혜로써 일체의 번뇌를 끊은 사람'입니다. 즉 생사윤회의 세계로부터 완전히 벗어나 깨달음의 세계로 진입한 것입니다. '참된 자각자'인 붓다가 된 것이지요. 그래서 그를 '마땅히 공양을 받을 만한(應供)' 분이라 합니다. 아라한의 길, 붓다의 길에 들어선 것이지요.

우리나라 선말(鮮末) 한초(韓初)의 경허(1946~1912)는 깨친 뒤 스스로 '할 일을 마친 이(了事漢)', '할 일이 없는 이(無事之人)'이라고 일갈했습니다. 수행자로서 마땅히 '할 일을 다 마쳤다'면 그는 붓다의 삶을 사는 것이지요.

수행자는 '발심하는 존재'로서 위없이 바르고 평등한 깨달음(아뇩다라삼먁삼보리)을 얻고자 하는 마음을 일으켜 '더 이상 배울 것이 없는' 아라한상이 되는 게 목표입니다.

이제 남은 일이 굳이 있다면 '서원하는 존재'로서 오늘의 그를 있게 해준 모든 인연들에게 그 성취공덕을 다 나눠주기(회향)를 다짐하는 것이죠. 바로 여기에서 아라한상과 보살상이 분기되거나 통합되는 것입니다.

문제는 아라한상과 보살상을 수행자 자신의 한 몸뚱어리 속에서 어떻게 일체화시켜 내느냐 하는 것입니다. 범부로부터 아라한으로 나아가는 길은 많은 사람들에게 열려져 있지만, 보살로부터 부처로의 길은 지극히 제한되어 있지요.

경론에서는 범부로부터 아라한으로의 길이 열려 있다고 해도 재가에서는 잘해야 그 길의 중도인 불환(不還) 정도에 이를 수 있다고 합니다. 그래서 그 이상의 단계를 얻기 위해서는 출가수행이 필수 조건이 된다고 말하지요. 그 때문에 경론은 생사윤회의 완전한 단절을 위해서는 '권력'과 '재력'을 버리고 오직 '매력'을 얻기 위해 '위대한 출가'를 단행했던 붓다처럼 일상의 격을 깨뜨리고 분연히 일어나 출가 수행할 것을 역설합니다. 아라한은 진리의 발견(見道)으로 견소단의 10수면(혹은 15순간의 번뇌), 마음의 수련(修道)으로 수소단의 88수면(혹은 9品 9地의 情意的 번뇌)을 끊어 '옛 부처의 길'을 재발견하고 '열반의 옛 성'에 이르렀던 것이지요.

아라한, 즉 붓다는 견도와 수도에서 끊어야 될 수면 내지 번뇌들을 다 끊어버리고 완전한 깨달음을 얻은 것입니다. 그래서 다른 이와 공유하지 않고 붓다만이 갖춘 열여덟 가지 성질(十八不共法)과, 전지전능한 정신적 능력인 열 가지 힘(十力), 기뻐하거나 슬퍼하거나 그 둘에 대한 움직임이 없는 마음(三念住), 어떠한 사람에 대해서도 깊고 평등한 자비를 드리우는 대비(大悲)를 지닌 분으로 설명됩니다.

붓다는 전생 시절 수행자로서의 광대하고 원만함, 붓다가 되어 갖추는 지혜·능력·육체·번뇌 지멸의 완전함, 유정 이익의 완전함이라는 세 가지 원만한 덕(三圓德)을 갖추었고, 번뇌에 물들지 않는 무지(不染汚無知)까지도 벗어나 일체를 아는 지혜를 지닌(一切智) 분으로 해명됩니다.

이렇게 보면 자기와의 싸움에서 승리한 수행자는 누구나 붓다가 될 수 있음을 알 수 있습니다. '더 이상 배울 진리가 없는' 무학도에 이른 아라한은 붓다의 삶을 살게 됩니다. 그는 '있는 그대로 보는' 지혜를 얻어 모든 번뇌를 끊었기에 '붓다'와 같은 뜻으로 쓰이지요.

* 대소승의 비교 1-1

분류	대승 이전(根本－部派 불교/ 阿毘達磨/小乘 불교)	大乘(一乘 또는 一大乘)
修行 果位	須陀洹(預流)－斯陀含(一來)－阿那含(不還)－阿羅漢(無學) 四向四果 : 見道 : 예류향, 修道 : 예류과－일래향－일래과－불환향－불환과－아라한향, 無學道(斷修惑제 9품) : 아라한과	十信＋十住＋十行＋＋廻向＋十地 보살위, 불위(50위＋等覺＋妙覺위) 육바라밀＋方便＋願＋力＋智 十波羅蜜, 普賢行願, 四攝法
救濟	자기 구제(聲聞) : 自覺	중생 구제(보살) : (自覺)覺他
佛身	석가모니佛身	三身 : 法身－報身－化身　二身 : 法身－色身 三(四)身 : 自性신－變化신－受容신(自/他) 　　　　　(法身)　　(色身)
佛數	과거7불 : 비바시－시기－비사바(부)－구류(루)손－구나함모니－가섭불－석가모니불	과거 莊嚴劫 3불＋현재 賢劫 4불 미래 星宿劫 1불. 미륵경: 현재－미래－미륵불(4)
經典	三藏 : 경－율－론장	사장 : 경－율－론－교장(章疏類)＝ 대장경
意識	6식 : 안－이－비－설－신－의식	8(9)식 : 6식＋末那識＋阿賴耶識＋阿摩羅識
存在 분석	5위 75법 : 心王-心所-色-心不相應行-無爲法 心所 구성 6법－大地－大善地－大煩惱地－ 　　　大不善地－小煩惱地－不淨法	5위 100법 : 심왕－심소－색－심불상응행－ 　　　　　　　무위법 心所 구성 6법 : 遍行－別境－善－煩惱－ 　　　　　　　隨煩惱－不淨
인식 틀	緣起 正觀, 正見 凡夫4倒 : 無常－無樂(苦)－無我(非我)－無淨(空)의 顚倒	性起(화엄), 반야－공(중관) 中觀, 空觀 열반4德 : 常－樂－我－淨
四諦	四聖諦 : 苦聖諦－集聖諦－滅聖諦－道聖諦 　　　　當解　　當斷　　當證　　當習	4種四諦 : 生滅－無生－無量－無作 사제
部派 및 宗派	根本 2부: 上座部 　　　　　大衆部 枝末18부: 說一切有部, 經量部, 犢子部, 正量部 　　　一說部, 說出世部, 鷄胤部, 多聞部 등	中國 13學宗: 俱舍, 成實 / 三論, 涅槃 　　　地論, 攝論, 律, 密 　　　慈恩(法相)宗, 　　　天台, 華嚴, 淨土, 禪宗

三(四)藏	분류	내용
阿含部 尼柯耶部	長－中－雜－增－－阿含經 長－中－相應－增支－小部 尼柯耶	五蘊, 十二處, 十八界, 四法印, 四聖諦, 八正道, 十二緣起, 業感緣起說
般若部	大－大品－小品－金剛般若－般若心經	無相, 無住, 無生
瑜伽部	解深密經, 大乘阿毘達磨經 瑜伽師地論, 唯識三十頌, 顯揚聖教論	三性, 三無性, 轉識, 轉依 認識하는 것, 轉變하는 것
如來藏部	大方廣如來藏經, 不增不減經, 勝鬘(獅子吼一乘大方廣方便)經 大乘起信論	如來藏, 佛性, 實性 眞如
密教部	大日(大毘盧遮那成佛神變加持)經 金剛頂一切如來眞實攝大乘現證大教王經	三密加持, 五相成身觀, 六大緣起說
俱舍宗 (毘曇)	阿毘達磨俱舍論, 阿毘達磨雜集論, 大毘婆沙論	5위 75법, 존재의 분석
成實宗	成實論	三寶, 四諦, 五蘊, 業, 煩惱, 3種心(假名心 · 法心 · 空心)과 有/無餘涅槃, 善政, 智慧
三論宗	中論, 十二門論, 百論＋大智度論	八不(生滅－去來－一異－斷常)中道
涅槃宗	대승涅槃經(북 : 40권, 남 : 36권, 2권)	一切衆生 悉有佛性
地論宗	華嚴經 十地品의 주석 : 十地經論(世親)	菩薩 十地
攝論宗	攝大乘論	舊譯 唯識, 9識說, 三性說, 三無性說
律宗	大乘律, 十誦律, 四分律, 大毘那耶雜事	菩薩10戒, 대승보살律
密宗	大日經, 金剛頂經	三密加持, 五相成身
慈恩宗	成唯識論, 瑜伽師地論	五性各別說, 三性三無性說, 阿賴耶識說, 唯識五位說
天台宗	妙法蓮華經, 瑜伽師地論, 中論, 摩訶止觀, 天台四教儀	開權顯實, 5時 8敎, 25方便
華嚴宗	華嚴經(60/80/40권본) 華嚴一乘法界圖, 華嚴五教章	普賢行願, 菩薩道, 性起
淨土宗	無量壽經, 觀無量壽經, 阿彌陀經	淨土와 穢土, 阿彌陀세계
禪宗	金剛經, 楞伽經, 六祖壇經 碧巖錄, 臨濟錄, 無門關, (100則)　　　(48則)	無所得, 無所有, 無住着, 頓悟, 見性, 不立文字, 教外別傳, 直指人心, 見性成佛, 佛性, 無門, 臨濟三句

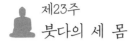

제23주
붓다의 세 몸

三삼
身신

최근 우리 사회에는 '몸'에 대한 담론이 널리 퍼지고 있습니다. 몸은 마음과 대비되는 그 무엇이 아니라 인식과 사유의 주체로까지 규정되고 있지요. 이는 인간의 몸까지 상품화하는 자본주의의 영향이라 볼 수 있습니다. 하지만 '몸 담론'의 확산은 역설적으로 자본주의에 대한 반성의 코드로 읽을 수도 있습니다.

즉 지난 세기 이래 시나브로 훈습되었던 "나는 생각한다, 고로 나는 존재한다"라고 했던 데카르트의 심신이원론에 대한 반성으로 말입니다.

직선적 시간 이해(태초론과 종말론)에서 나선형 내지 순환적 시간 이해(無始無終論)로, 동서남북(東西南北)의 공간 이해에서 동남서북(東南西北)의 공간 이해로, 천방지축(天方地軸)적 우주 이해에서 천원지방

(天圓地方)의 우주 이해로 돌아올 계기가 될 수 있기를 바라는 것이죠.

그 때문에 '호모 사피엔스'로 명명된 이후 '사유'(정신)와 '존재'(물질)의 분리를 의심했던 우리는 이제 심신이원의 담론을 극복할 수 있는 계기를 만들었다고 할 수 있습니다.

몸은 번식과 생장의 주체이자 쾌락과 일탈의 주축이기도 합니다. 아무리 좋은 지혜를 가지고 있어도 이 몸이 존재해주지 않으면 소용이 없는 것이지요. 몸은 변화의 주체이고 변화는 배움의 시작입니다. 그 때문에 욕망의 사다리이면서도 수행의 지도리인 몸은 진공(비실체, 비연속) 위에서의 묘유(실체, 연속)로서 자리합니다.

붓다의 몸에 대한 담론은 대승불교의 흥기로 보다 구체화됩니다. 대승 이전에는 역사적 존재로서의 붓다와 비역사적 존재로서의 붓다에 대한 소박한 담론이 제기되었을 뿐이지요. 즉 자기와의 싸움에서 승리하여 붓다가 된 역사적 존재로서의 붓다(色身, 化身, 應身)와 말씀에 인격적 의의를 붙인 육화된 붓다(法身)에 대한 담론이었습니다.

하지만 대승불교는 색신과 법신을 종합하여 역사적 붓다이자 비역사적 붓다인 보신(報身)을 추가했습니다. 수행의 과정(因位)에서 지은 셀 수 없는 원(願)과 행(行)의 과보로 나타난 만덕이 원만한 붓다의 몸이지요.

부파불교 수행자들은 고요한 승원에 앉아 자기의 깨달음과 존재의 분석에만 치중했습니다. 이에 대해 대승불교운동의 주체들은 인간과 사회를 구제하려 한 붓다의 참다운 정신으로 돌아가고자 했지요. 그래서 이미 열반에 든 붓다의 진신인 사리를 담은 불탑을 벌판에 세우고 보시, 공양, 공경, 예배를 했습니다. 그러자 모든 경제권이 불탑에 집중되었지요. 경제적 위기에 봉착한 부파불교 수행자들은 공덕사상을 제창하여 신앙을 전환하게 됩니다.

이를테면 "무릇 모습을 지니고 있는 것은/ 모두 허망한 것이니/ 만일 모든 존재의 모습과 (이) 모습 아님을 본다면/ 곧 여래를 보느니라"라는 『금강경』의 사구게처럼 사리 신앙이 경전(권) 신앙으로 전환되지요. 즉 일곱 가지 보배(金, 銀, 琉璃, 玻璨, 硨磲, 赤珠, 瑪瑙)로 불탑에 보시, 공양, 공경, 예배하더라도 『금강경』 사구게 하나를 남에게 전달하는 공덕에 미치지 못한다는 것입니다.

이제 불탑 속에는 사리가 아니라 경권이 모셔지게 되지요. 이때부터 말씀이 육화된 법신설이 본격적으로 제기됩니다. 동시에 붓다의 자비와 지혜의 인격화인 보살이라는 존재가 새롭게 등장합니다.

이러한 변화는 설하는 주체로서의 붓다에 대한 연구는 없고 단지 붓다를 진리로 '이끄는 이(導師)' 내지 '설해진 법'만을 중시하는 부파불교와 달리 구제자로서의 붓다를 요청하고 구제력의 생성의 처소와 구제의 방법을 중시하게 된 것이라 할 수 있지요. 즉 대승불교는 초인으로서의 붓다에 대한 이론적 근거까지 확보하려고 했던 것입니다.

이러한 붓다의 몸에 관한 담론은 중관학과 유식학, 중국의 천태종과 자은종에서는 천백억 화신 석가모니불을 빛깔과 형상을 지닌 변화신(색신)으로, 청정법신 비로자나불을 빛깔과 형상도 없는 본체의 몸인 자성신(법신)으로, 원만보신 노사나불(혹은 아미타불)을 수용신으로 제시하였지요.

수용신은 다시 깨달음의 법열을 자기만 받아들이는 몸인 자수용신과 다른 이도 깨달음의 법열을 받을 수 있게 하기 위하여 나타내는 몸인 타수용신으로 나뉩니다.

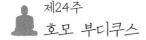
菩 보
薩 살

본디 인간은 아프리카 대륙의 숲속에서 나온 두 발 동물이었습니다.
오백만 년 전에 지하에서 열이 발생하여 대륙 맨틀이 지각 활동을
했지요. 화산이 폭발하고 대륙붕이 솟아올랐습니다. 풍부한 습기와
강수량으로 울창하던 숲이 급변했지요.

연이어 남북을 관통하는 높은 산맥이 형성되면서 동서 간 왕래가
불가능해졌습니다. 대륙 동쪽은 비가 줄면서 숲이 사라지고 초원이
생겨났지요.

이때 인간은 침팬지와 함께했던 공동 조상(유전자의 99%가 동일)
프로콘술로부터 유전자의 차이로 갈려나왔지요. 먹이를 찾아 초원을
떠난 인간은 침팬지와 달리 두 발로 걸어 다니는 '직립'을 시도했습
니다. 하여 인간은 '직립'이라는 사건을 통해 언어를 발견(문화의 탄

생)하고 도구를 발명(문명의 탄생)했지요.

처음으로 '직립 보행'한 화석 인류 '호모 에렉투스'에 이어 호모 사피엔스(생각하는 인간), 호모 로퀜스(언어적 인간), 호모 파베르(만드는 인간), 호모 루덴스(놀이하는 인간), 호모 에코노미쿠스(경제적 인간), 호모 외콜로기쿠스(생태학적 인간), 호모 에티쿠스(윤리적 인간) 등이 탄생했습니다. 저 역시 오래전에 이타적 인간 내지 보살적 인간을 '호모 부디쿠스(불교적 인간, 보살)'라고 명명한 적이 있지요.

보살은 자기를 넘어서는 어떤 보편적 원리(진리)를 위해 기꺼이 자신을 버리는 존재입니다. 그는 '연기'에 대한 사무친 통찰을 통해서 새롭게 태어난 인간이지요. 보살은 석존의 전생이었던 호명(선혜) 보살처럼 진리 혹은 남의 목숨을 살리기 위해서 자신의 목숨까지도 기꺼이 버리는 존재이지요. 그는 뭇삶들의 고통을 뽑아주고(拔苦) 즐거움을 주는(與樂) 인간입니다.

그는 사회국가 인류의 건강을 위해 남을 의식하지 않고 지속적으로 휴지 한 장을 줍는 사람이지요. 보살은 이미 깨달았으나 뭇삶들의 고통을 덜어주고 즐거움을 주기 위해 중생으로 나툰 각유정(覺有情), 붓다가 될 수 있는 바른 길을 열어 뭇삶을 인도하는 개사(開士), 자기를 이롭게 하고 남을 이롭게 할 마음을 내어 도를 구하려는 마음이 견고한 대사(大士), 시사(始士), 고사(高士)라고도 번역됩니다.

이처럼 보살은 중생을 다 건지고, 번뇌를 다 끊고, 법문을 다 배우고, 불도를 다 이루겠다는 네 가지 큰 서원을 일으킨 존재입니다. 동시에 남에게 널리 베풀고(布施), 계를 지키고(持戒), 모욕을 이기고(忍辱), 정밀하게 나아가고(精進), 참선으로 삼매경에 이르고(禪定), 슬기롭게 이해하여(智慧) 뭇삶들을 피안으로 건네주는(渡波岸) 여섯 가지 원행을 하는 사람입니다.

비록 하이어라키(hierarchy, 위계질서)로 볼 때는 붓다의 아래에 있는 것처럼 보이지만 사실은 붓다의 지혜와 자비의 화신이자 인격화입니다. 본디 붓다이지만 뭇삶들을 구제하기 위해 중생들 쪽으로 한 단계를 더 내려온 존재이며 아울러 지장보살과 같이 지옥에서 고통받는 사람이 한 사람이라도 남아 있는 한 지옥이 텅텅 빌 때까지 다 구제하겠다는 서원을 세운 존재(大悲闡提)이지요.

우리나라에서 여자 신자(우바이, 청신녀)를 '보살'이라고 부르는 것은 대승보살이 받아 지니는 '보살계(三聚淨戒)'를 받았거나 '보살이 되라'는 의미로 쓰이는 것입니다. 유마(無垢稱, 淨名) 거사 내지 소성(小性, 원효) 거사처럼 남자 신자를 일컫는 '거사'에 상응하는 여자 신자를 일컫는 호칭은 아마도 '승만 부인'(아유사국 왕비) 내지 '덕만 부인'(선덕 여왕)처럼 '부인'이라는 표현이 적절하겠지요. 보살은 남성, 여성의 성적 변별을 넘어 나투기 때문입니다.

보살은 불교의 이상적 인간상입니다. 불교적 인간은 '발심하는 존재'요 '서원하는 존재'로 표현됩니다. 그는 위없이 바르고 평등한 깨달음을 얻으려는 마음을 일으킨(上求菩提) 존재이자 그렇게 해서 얻은 성취를 모두 다 나누어주기(회향)를 서원하는(下化衆生) 존재입니다.

따라서 호모 부디쿠스는 이 시대의 민족 모순, 계급 모순, 환경 문제를 극복할 통일 보살, 노동 보살, 환경(생태) 보살이 될 수 있겠지요. 다만 보살은 남과 북, 노와 사의 어느 한쪽의 입장을 취하거나 제3의 새로운 무엇을 만들어내는 존재가 아니라 '두 입장이 지닌 한계를 깨뜨려줌으로써 도리어 그 둘을 다 살려내는(相破返相成)' 중도적 삶을 사는 존재입니다.

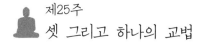

三乘 삼승

一乘 일승

나이 많은 한 장자(長者)가 있었습니다. 그는 논밭과 집과 하인 등 많은 재산을 가지고 있었습니다. 그의 집은 매우 넓어 이백여 명 남짓의 사람들이 살고 있었습니다. 헌데 대문은 꼭 하나뿐이었습니다. 그집은 너무 낡아 벽과 담이 무너지고 기둥뿌리는 썩었으며 대들보는 기울어져 위태로웠습니다. 그런데 갑자기 사방에서 불이 일어나 집안이 한창 타고 있었지요.

이때 집 안에는 서른 명 남짓의 아이들이 있었습니다. 볼일을 다녀온 장자는 사면에서 불이 일어나는 것을 보고 깜짝 놀랐지요. 이내 장자는 완구를 준비하여 "너희들이 좋아하는 양이 끄는 수레, 사슴이 끄는 수레, 소(송아지)가 끄는 수레 장난감이 대문 밖에 있으니 불타는 집에서 빨리 나와 가져가거라. 너희들이 달라는 대로 나누어주겠다"라고 했습니다.

아이들은 아버지가 말한 장난감이 마음에 들어 서로 밀치면서 불붙은 집에서 뛰쳐나왔지요. 장자는 세 가지 장난감을 주지 않고 여러 아이들에게 각기 평등하게 큰 수레 하나씩을 주었습니다. 아이들은 약속을 어긴 아버지에 대해 불만을 가졌지만 어쩔 수 없었습니다. 목숨을 건진 것만으로도 고마워해야 했기 때문입니다. 하지만 아이들의 얼굴은 불만으로 가득 차 있었지요.

여기서 우리는 아이들과의 약속을 지키지 않은 아버지를 거짓말쟁이라고 할 수만은 없을 겁니다. 6근으로부터 생겨난 불타는 욕망으로 놀이에 흠뻑 취해 있는 아이들에게 아버지가 할 수 있는 일이란 방편을 써서라도 불 속에서 아이들의 목숨을 구해내는 일이었겠지요.

욕망의 불을 끄지 않는 한 깨달음으로 나아가는 길은 너무나 멀기만 합니다. 이 『법화경』의 「화택비유품」은 장자를 붓다에, 불타는 집을 사바세계에, 아이들을 중생들에, 세 장난감을 성문승·연각승·보살승에, 한 수레를 일불승(一佛乘)에 은유한 것입니다.

이처럼 이들 메타포는 모두 '승'을 '수레' 내지 '가르침'(배)의 뜻으로 갈무리합니다. 본디 물건을 실어 나르는 것을 목표로 하는 '승'은 중생을 실어 열반의 언덕에 이르게 하는 '가르침'(배)이란 의미도 지니고 있지요.

불교 자체가 이미 자리와 이타를 기반으로 하는 수행의 체계이듯이 삼승은 세 가지 교법이기도 하지만 세 갈래 법문을 실천하는 수행자를 일컫기도 합니다.

성문승(聲聞乘)은 붓다의 사성제 법문을 음성으로 듣고 깨달음을 얻는 수행자(아라한)를 말합니다. 연각승(緣覺乘)은 붓다의 십이연기 법문이 인연이 되기는 했지만 이후에는 붓다에게 나아가지 않고 스스로 잎이 되고 꽃이 지는 따위의 이치를 관하여 홀로 깨닫는 수행자입니다. 홀로 깨달음을 얻는다고 해서 독각(獨覺, 나반 존자)이라고도 부르지요. 우리나라에서는 머리카락이 희고 눈썹이 긴 모양을 한 빈두로 존자(賓頭盧尊者, 住世阿羅漢)를 독성각에 모시고 있습니다. 보살승은 육바라밀의 법문에 의지하여 스스로 해탈하고 남을 해탈하게 하여 부처가 되게 하는 수행자이지요.

경전에서는 이들 삼승의 가풍을 토끼와 말과 코끼리 세 동물이 항하수를 건너가는(三獸渡河) 것에 비유하고 있습니다. 즉 토끼는 수면(水面)으로 헤엄쳐 건너가고, 말은 물에 잠겨 발이 밑에 닿지 않고 건너가며, 코끼리는 물속 바닥을 디디고 건너간다고 하였습니다. 이는 성문과 연각과 보살이 번뇌를 끊는 방법의 차이를 비유적으로 표현한 것입니다.

셋 그리고 하나의 교법(三乘一乘)은 이 세 가지의 기표(삼승)를 통해 한 가지의 기의(일승)를 드러내고자 합니다. 삼승의 방편과 일승의 진실은 서로 떨어질 수 없지요. 직립이라는 사건을 통해 언어를 발견함으로써 인간은 언어를 떠나 사유할 수 없게 되었습니다. 그 때문에 현실적 인간들은 방편(손가락)을 매개하지 않고는 진실(달)을 볼 수 없습니다.

그래서 방편은 진실로 건너가는 뗏목이 되는 것이지요. 강을 건너가서는 뗏목을 버려야 되지만 강을 건너지 못한 이들에게 뗏목은 생명선이 됩니다.

삼승은 바로 뗏목이자 방편이며 일승은 목적지이자 진실이지요. 일승이란 일체중생이 모두 성불한다는 견지에서 그 구제하는 법이 하나뿐이고, 아울러 절대 진실한 것이라고 주장하는 것입니다. 결국 삼승은 일승을 드러내기 위해 전제되는 것이지요.

般반
若야

'직립'을 통해 두 발로 선 인간은 언어적 동물이 되었습니다. 그 때문에 언어라는 '분별'을 매개하지 않고는 사물을 인식하기 어려워졌지요. 언어를 배우기 이전의 어린 아기를 살펴보면 잘 알 수 있습니다.

　네 발로 기어 다니던 아기가 빠르게는 6개월, 늦어도 1년 이내가 되면서부터 벽을 짚고 직립을 시도하지요. 일어서다가 넘어지기도 하고 또 다시 일어서기를 반복합니다. 이때쯤이면 아기는 부모의 언어적 '노출'에 의해 말을 배우게 됩니다. '엄마', '아빠' 하면서 최초의 말을 따라 배웁니다. 그러면서 점점 '엄마' 아닌 것과 '아빠' 아닌 것을 습득하게 되지요.

　그 과정에서 아이의 사유 속에는 엄마(아빠)라는 영토와 엄마(아빠) 아닌 영토가 생겨납니다. 엄마라는 개념의 영토 설정을 통해 엄마와 엄마 아닌 분별이 생겨나는 것이지요. 그 때문에 언어는 적게는 두 가지 내지 많게는 세 가지 이상의 분별을 탄생시킵니다.

그런데 엄마라는 말을 배우기 이전의 아이의 무분별한 마음과 같은 지혜는 바로 근본지(根本智)이자 무분별지(無分別智)이며 여리지(如理智)입니다. 이것은 이들과 짝개념인 후득지(後得智), 분별지(分別智), 여량지(如量智)와 변별되는 절대적인 지혜이지요. 이처럼 존재의 실상을 있는 그대로 비춰보는 지혜를 반야라 합니다.

반야는 사물을 '있는 그대로 보는' 것이지요. 이것은 '분별'과 동의어라고 할 수 있는 언어를 사물에 개입시키지 않고 사물을 있는 그대로 보는 것입니다. 즉 시인 김춘수의 시「꽃」에서처럼 시적 화자가 꽃이라 불러주기 이전의 시간적으로 변화하고 공간적으로 점유하는 속성을 지닌 '것'(몬)을 있는 그대로 보는 것이지요.

분별은 '꽃'이라는 명명으로 새로운 사물이 탄생하는 순간 비로소 생겨납니다. 즉 어떠한 존재의 탄생으로부터 개념과 비개념의 변별이 생겨나는 것이지요. 반야는 '꽃'이라 불리기 이전의 '것'을 '있는 그대로 보는' 마음이자 지혜입니다. 해서 존재의 진실한 이치에 상응한 평등, 절대, 무념, 무분별이자, 반드시 상대 차별을 관조하여 중생을 교화하는 힘을 가지고 있지요.

반야(般若)는 반야(班若), 바야(波若), 발야(鉢若), 반라야(般羅若), 발랄야(鉢刺若), 발라지양(鉢羅枳孃) 등으로 음역되었고 혜(慧), 명(明), 지혜(智慧)라고 번역되었습니다. 범어 '프라즈냐(prajña)'가 지닌 '전에', '앞쪽의', '앞쪽으로'의 뜻처럼 반야는 '현명한', '분별 있는', '빈틈 없는', '~에 정통해 있는' 지혜라는 뜻을 지니고 있지요. 즉 현상 속에 투영되어 있는 본체 내지 본질을 꿰뚫어보는 지혜를 일컫는 것입니다.

이러한 반야는 2종, 3종, 5종의 반야로 분류됩니다. 이 중에서 관조(觀照), 실상(實相), 문자(文字)의 삼(종) 반야가 가장 두드러지는 개념입니다.

관조반야는 사물의 이치를 비추어보아 밝게 아는 지혜(體)이자 모든 존재의 실상을 비추어 아는(用) 지혜를 말합니다.

실상반야는 반야의 지혜를 내어 모든 존재의 실상과 무상(無相)과 공적(空寂)을 증득하는 진리의 몸체(理體)이자 만유의 본체 내지 현상이 머금고 있는 중도실상(中道實相)의 이치를 깨닫는 지혜(一切種智)입니다.

문자반야는 문자로 드러낸 『반야경』처럼 『반야경』그 자체가 지혜는 아니지만 반야를 펼쳐 드러내는 방편이므로 지혜라 합니다.

보살은 여섯 가지 바라밀 내지 열 가지 바라밀을 통해 뭇삶들을 저 언덕으로 이끌어갑니다. 보시, 지계, 인욕, 정진, 선정의 다섯 바라밀은 모두 지혜(般若)바라밀에 총섭되지요. 삿된 지혜와 나쁜 소견을 버리고 참 지혜를 얻는 반야바라밀에 의해 뭇삶들은 깨달음의 언덕으로 인도됩니다.

이 때문에 『도행반야경』「공덕품」에서는 "'반야바라밀'은 밝은 다라니요 크게 맑은 다라니며 위없이 밝은 다라니이다"라고 말하고 있습니다.

또 "이 '반야바라밀'을 수지 독송 공양 공경하고, 존중하고 찬탄하고 예쁜 꽃 향 영각 도향 말향 잡향 회개 당번으로 공양하면 무량무변의 복덕을 얻는다. 그 복덕은 불사리를 공양하거나 불사리를 위해 칠보의 탑을 건립하거나 예쁜 꽃 향 영각 도향으로써 공경하고 공양하거나 존중하고 찬탄하는 공덕보다도 훨씬 크다고 설한다"라고 말합니다. 이처럼 반야는 무지를 넘어서 얻는 깨달음이지요.

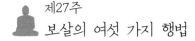

제27주
보살의 여섯 가지 행법

六육
波바
羅라
密밀

우리는 모두 온갖 굴레로부터 벗어나 걸림 없는 '자유인'으로 살고자합니다. 그러기 위해서는 본디 실체가 없는 존재의 참모습을 통찰해야만 합니다. 모든 존재는 불성(如來藏)을 지니고 있어서 그들 속에내재해 있는 '부처가 될 수 있는 가능성'을 발견하기만 하면 성불한다고 하지요. 존재는 크게 정식(情識)이 있는 유정과 그것이 없는 담장, 벽, 기와, 돌 등의 비(무)정으로 분류됩니다.

중국에서는 일찍이 인식, 사유, 판단 능력(情識)은 없으나 번식 내지 생장 능력을 가진 풀과 나무 등의 불성 유무에 대한 담론이 있었습니다. 삼론종의 집성자 길장(吉藏)은 '초목성불론'을 제시하여 풀과나무도 부처가 될 수 있다고 했습니다. 대승불교는 풀과 나무뿐만 아니라 담장, 벽, 기와, 돌과 같은 무정조차도 언젠가는 좋은 인연을 만나 새롭게 태어나 성불한 수 있다는 가능성을 열어두고 있지요.

『금강경』에서는 생명을 지닌 존재를 태에서 태어난 태생, 알에서 태어난 난생, 축축한 곳에서 태어난 습생, 의탁한 데 없이 홀연히 태어난 화생으로 분류합니다. 이 가운데에서 태생과 난생만이 윤회한다고 하고 있습니다. 태생과 난생 생물은 '피'를 지니며 피의 존재는 '느낌' 또는 '불성'의 존재에 상응하는 것입니다.

대승불교는 모든 존재들에게 성불할 수 있다는 희망의 청사진을 제시합니다. 누구나 '나는 부처가 될 수 있다'라는 진취적인 사고를 갖게 하지요. 그 때문에 깨달음을 확신하고 용맹정진하는 상근기 발심 수행자가 생겨납니다.

하지만 이와 달리 '나는 범부로밖에 살 수 없다'라는 퇴보적인 생각을 갖는 이도 있습니다. 이처럼 자신의 능력을 지나치게 과소평가하여 영원히 중생으로 머물겠다는 이도 있지요. 스스로의 힘으로는 어떠한 발심과 수행조차 할 수 없는 이들을 위해서 보살은 존재합니다. "인연 없는 중생(無緣衆生)은 어쩔 수 없다"라고 하고 자신만 발심 수행하는 『아함경』의 아라한적 자세와 달리 대승보살은 "이 지옥이 텅텅 빌 때까지 중생을 다 구제하겠다"라고 서원합니다.

이는 오늘의 나의 모든 성취는 무수한 사람들의 도움과 보살핌에 의해 이루어진 것이라는 자각 위에서 이루어지는 원행입니다. 이처럼 보살은 연기에 대한 사무친 통찰을 통해서 새롭게 태어난 존재이지요.

그 때문에 생사의 고해를 건너 열반의 언덕에 이르는 여섯 가지 행법이자 방편인 육바라밀은 보살의 존재 이유이자 정체성입니다. 즉 아라한의 '팔정도'에 대비되는 대승보살의 대표적인 수행법이라 할 수 있지요.

자비로 널리 뭇삶을 사랑하는 행위인 보시(檀那)바라밀은 주지 않는 것을 취하지 말고(不與取) 널리 베풀라는 것입니다. 여기에는 금, 은과 같은 물질적 보배 등을 베풀어주는 재시(財施), 다른 이에게 교법을 말하여 선한 씨앗을 자라게 하는 법시(法施), 계를 지니어 남을 침해하지 아니하며 아울러 두려워하는 마음이 없게 하는 무외시(無畏施)가 있습니다.

불교 도덕에 계합하는 지계(持戒)바라밀은 비구 250계, 비구니 348계(500계)를 범하지 않고 잘 지켜 온갖 모욕과 번뇌를 참아 원한을 일으키지 않고 편안히 머무르는 행법입니다.

여러 가지로 참는 인욕(羼提)바라밀은 갖가지 치욕을 받고도 복수하려는 마음이 없고 마음을 편안히 머무르게 하는 행법이지요.

항상 수양에 힘쓰고 게으르지 않는 정진(毘梨耶)바라밀은 몸과 마음을 깨우쳐 용맹하게 수행하는 것입니다.

마음을 고요하게 통일하는 선정(禪那)바라밀은 진리를 올바르게 사유하며 조용히 생각하여 마음을 한곳에 모아 산란치 않게 하여 생사의 바다를 건너가 열반의 언덕에 이르게 하는 행법입니다.

삿된 지혜와 나쁜 소견을 버리고 참 지혜를 얻는 반야(智慧)바라밀은 실상을 비춰보는 지혜로서 나고 죽는 이 언덕을 건너 열반의 저 언덕에 이르는 배나 뗏목과도 같은 행법입니다.

호모 부디쿠스의 여섯 가지 행법은 인간 구원이라는 종교의 본질을 잘 보여주고 있습니다. 이타적 인간, 불교적 인간의 정체성인 바라밀은 뭇삶들의 괴로움을 뽑아주는 것(拔苦)이자 즐거움을 건네주는(與樂) 것이지요. 기쁨은 함께하면 배가 되고 슬픔은 함께하면 반이 되는 까닭이 바로 여기에 있습니다.

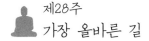

中 중
道 도

우리는 '도대체 삶이란 무엇일까'라는 화두를 안고 살아갑니다. 어떻게 사는 것이 가장 올바르게 사는 삶일까요? 대부분의 사람들은 자기 삶의 국면 국면마다 이러한 물음을 던질 것입니다.

남을 해코지하지 않고 자기의 길만을 '무소의 뿔처럼 혼자 가는' 삶을 살아갈까? 아니면 모든 존재를 '있는 그대로' 보고 최소한의 소유와 집착을 지닌 채 살아갈까? 우리의 삶은 우리 모두에게 구체이자 추상인 영원한 공안입니다. 손에 잡히지는 않지만 손을 떠나 있는 것도 아니니까요.

그래서 시인들은 삶이란 '온갖 굴욕을 지불해야 하는 것'(황지우)이면서도 '갖은 불길 앞에서도 온몸을 던지는 것'(고영섭)이라고 노래했지요. 굴욕을 지불해야만 삶을 영위할 수 있지만 동시에 온몸을 던지지 않고는 이루어지지 않는 것이기 때문일 겁니다.

붓다의 '중도'는 우리의 이러한 물음에 대한 답변이면서 아울러 또 하나의 새로운 화두를 던져줍니다. 그는 고통스러운 우리들의 현실 세계에 대한 진단과 처방으로서 사성제(四聖諦)를 제시했습니다. 병 증에 대한 진단을 마친 붓다는 처방으로서 여덟 가지 바른 길을 제 시했지요.

그 길이 곧 중도의 실재인 팔정도(八正道)이자 성인의 도인 팔성도 (八聖道)입니다. 이 여덟 가지 중도가 바로 우리들의 삶의 지표가 됩 니다. '중도'에서 '중'은 '가장 올바른' 혹은 '치우침이 없는 것'을 형용 합니다. '도'는 '길'이자 '진리'입니다.

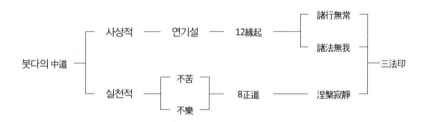

즉 견해(見), 사유(思), 언어(語), 행위(業), 생활(命), 노력(精進), 기 억(念), 선정(定) 여덟 가지의 '올바른(正) 길(道)'이지요. 이렇게 본다 면 붓다의 중도는 진리를 사는 이들의 철저한 실천의 길이자 방법이 되는 것입니다.

이러한 불교의 '중도'가 유교의 '중용'과 같은가 다른가 하는 물음
이 종종 있습니다. '지나치거나 미치지 못함(過不及)' 혹은 '남거나 족
하지 않음(餘不足)'의 뜻으로 널리 알려진 중용의 '중'은 "편벽되지 않
고 치우치지 않으며, 지나치거나 미치지 않음이 없는 것의 이름이고,
용은 평상함이다(中者, 不偏不倚無過不及, 用平常也.)"라고 합니다.

아울러 "편벽되지 않음을 '중'이라 이르고, 바뀌지 않음을 '용'이라
이르니 '중'은 천하의 바른 길이요, '용'은 천하의 정해진 이치이다(不
偏之謂中, 不易之謂用, 中者天下之正道, 庸者天下之定理.)"라고 하지요.
또 『중용』은 "솔개는 날아서 하늘에 이르고, 물고기는 연못에서 도약
한다. 중용의 도는 부부에서 실마리가 만들어진다(鳶飛戾天, 魚躍于
淵. 中庸之道, 造端乎夫婦.)"라고 결론짓고 있습니다. 이는 현실적 삶을
사는 남편(솔개−하늘)과 아내(물고기−연못)는 천리와 인욕의 긴장
과 탄력의 삶 속에서 마땅히 있어야 할 자리에 있고 해야 할 도리를
하는 것이라는 거죠.

이렇게 본다면 지나치거나 모자라지 않는 것을 지향한다는 점에
서 지혜의 관점을 지향하는 중도와는 다른 것입니다. 중도는 생겨나
는 것과 소멸하는 것, 항상한 것과 단절되는 것, 같은 것과 다른 것,
오는 것과 가는 것이라는 이항대립을 떠나 지혜에 의해 이뤄지기 때
문입니다.

여기에 1에서 10까지의 자연수가 있다고 가정해봅시다. 이때 중도
는 1에서 10 사이의 가운데인 5가 아니라 1과 10이라는 두 극단을 넘

어서서 2에서 9까지 모두가 중도의 지평이라 할 수 있습니다.

이는 '지나치거나 치우침이 없이 중정(中正)함'이라는 중용이 지향하는 5와는 변별되는 것이지요. 과불급 내지 여부족을 말하는 중용은 다분히 실재적 의미(존재론적 측면)를 머금고 있지만 중도는 실천적 의미(인식론적 측면)를 머금고 있기 때문입니다.

불교의 중도는 정립과 반정립의 두 극단을 종합하여 두 극단을 다 살려내지요. 해서 두 가장자리에 치우친 삿된 것을 여읜 중정(中正)한 도라는 의미입니다.

중국의 삼론종은 '생하지도 않고 멸하지도 않으며, 항상하지도 않고 단절되지도 않으며, 동일하지도 않고 차이지지도 않으며, 오는 것도 아니고 나가는 것도 아니다'라는 여덟 가지 부정(八不)에 의하여 나타나는 불가득(不可得)의 법을 말합니다. 자은종은 유(有)에도 치우치지 않고 공(空)에도 치우치지 않는 비유비공을, 천태종은 제법의 실상을, 화엄종은 몸과 마음의 본체인 법계를 중도라 합니다.

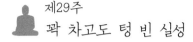

제29주
꽉 차고도 텅 빈 실성

空 공
性 성

군불을 때기 위해 도끼로 장작을 패보셨는지요. 나이테가 성긴 곳과
촘촘한 곳 그리고 젖 먹던 힘까지 밀어 올리며 가지껏 싹을 틔웠던
옹이 중에서 어느 곳이 잘 쪼개지던가요?

흔히 나이테가 성긴 곳이 힘이 약해 잘 쪼개질 것이라 생각합니
다. 하지만 나이테가 성긴 쪽에 도끼날을 내리찍으면 장작의 몸체가
날을 퍽퍽 먹어버리지요. 이처럼 나이테가 촘촘한 곳은 힘이 가장 집
중된 곳이어서 그곳에 도끼날을 내리찍으면 쫙쫙 잘 쪼개집니다.

힘이 모여 있는 옹이 부분도 촘촘한 곳처럼 잘 쪼개지지요. 옹이
부분은 '힘이 꽉 차 있으면서도 텅 빈 곳'이기 때문입니다. 이곳은 곧
'꽉 차고도 텅 빈' '공성(空性)'을 잘 보여줍니다. 대나무는 가운데가
텅 비어 있기에 오히려 전체의 힘이 꽉 차 단단한 것처럼 말입니다.

힘이 '꽉 차 있으면서도 텅 빈 곳'이란 바로 '만(滿)'의 세계이자 '공(空)'의 세계이지요. '만'은 너무 꽉 차 있기 때문에 보이며, 공은 너무 텅 비어 있기 때문에 보이지 않습니다. 그런데 무엇이 '보이지 않는다'고 해서 그것이 없는 것이 아니고 무엇이 '보인다'고 해서 그것이 실체로서 있는 것이 아니지요. 그것을 '기(氣)' 또는 '생명(生命)' 내지 '경락(經絡)'이라고 해도 좋습니다.

이렇게 "있으면서도 있는 것이 아니고 없으면서도 없는 것이 아닌 도리"를 주축으로 정립하려는 저의 담론이 바로 "찬빈론(滿空論)"입니다. 무엇이 '있다'는 것과 '없다'는 이항대립을 벗어나는 것은 언어 분별의 껍질을 벗겨내는 '멸집'을 통해야만 비로소 가능한 것이지요.

그렇게 될 때 지혜는 채울 것도 없이 그득히 차 와서 '만공'이 절로 되는 것입니다. 찬빈의 담론으로 역사를 바라보게 되면 우리의 삶의 방식은 훨씬 더 자유로워지지요.

불교는 그 궁극적 이상을 '자유(해탈)'에 두고 있습니다. 그러면 어떻게 '자유(깨달음)'를 추구할 수 있을까요? 자유롭기 위해서는 먼저 존재에 대한 정확한 통찰(空性)이 있어야 하고 그 위에서 자기 삶을 던질 수 있어야 합니다.

즉 오늘의 성취가 나만의 힘으로 이루어진 것이 아니라는 자각으로부터 비롯된 더불어 사는 삶의 요청입니다. 더불어 살기 위해서는 나와 다른 남을 인정해야만 하지요. 내가 없어야(空, 無我觀)만 남과 더불어(滿, 菩薩行) 살 수 있습니다.

자기 부정의 함의이자 실체의 부정인 '공'은 '순야(舜若)' 내지 '순야다(舜若多)'로 음역됩니다. '참으로 그러한' 진여(眞如)의 다른 이름이기도 하지요. 공에 의해 나타나는 실상이기에 공성이라고도 합니다.

'참으로 그러한' '진여'는 우리의 이지(理智)로는 파악할 수 없고, 온갖 것은 모두 실체와 자성이 없는 공한 이치를 체득할 때만 번득 나타나는 것이지요. 공은 있는 것과 없는 것이라는 존재론적인 지평을 넘어서는 인식론적 지평입니다. '아무것도 없고 텅 비었다'고 해서는 '허무'의 의미가 아닙니다. 오히려 '있는 것(有)'과 '없는 것(無)'이라는 이항을 넘어섰으므로 '있을 수도 있고' '없을 수도 있는 것'이지요.

이처럼 공(성)은 유무를 넘어섰기에 다시 유무일 수 있는 지혜이자 중도입니다. 이와 같은 공은 다시 이공(二空)과 삼공(三空) 등으로 설명됩니다. 원효는 『이장의』에서 현상적 관점(顯了門)에서 아공과 법공을 말합니다.

아공(我空)은 중생이란 오온이 임시로 화합한 것이므로 '나(我)'라고 할 실체가 없는 것, 즉 이치의 옳고 그름(是非), 굽고 곧음(曲直)의 표준이 없이 자기의 의견에만 집착하여 '아'를 고집하는 아집을 벗어난 것을 일컫지요.

법공(法空)은 오온의 자성도 공하다는 뜻, 즉 객관인 사물이나 마음 작용의 현상을 실재하는 것인 줄로 잘못 알고 고집하는 법집을 벗어난 것을 가리킵니다.

또 『금강삼매경론』에서는 '일심의 근원(一心之源)'의 짝으로 '삼공의 바다(三空之海)'를 말하지요. 「입실제품」에서는 '공의 모습도 공하고(空相亦空)', '공공도 또한 공하며(空空亦空)' '공된 것도 공하다(所空亦空)'는 삼공을 진제와 속제의 관계 속에서 풀이합니다.

아공과 법공을 다시 아우른 구공(俱空)은 아집과 법집을 벗어나 아공과 법공에 대한 집착마저 다 없어져 본성에 계합하는 것이지요. 이처럼 공은 실체가 없어 텅 빈 것이 아니라 실체라는 집착을 넘어섰기에 꽉 찬 것이기도 합니다.

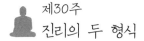

제30주
진리의 두 형식

二이
諦제

우리는 인생을 살아가면서 말로는 다 표현할 수 없는 것이 있다는 것을 경험했을 것입니다. 그것이 말로는 다가설 수 없는 무엇이어서도 그럴 것이고, 또 말(어휘)이 부족하여 그것을 제대로 설명할 수 없어서 그럴 수도 있겠지요. 이를테면 깨달음의 세계처럼 너무나 그윽해서 말로는 도무지 표현할 수 없는 것도 있을 것입니다.

또 나에 대한 심각한 오해에 직면했을 때 그것이 말로는 도저히 해소될 수 없는 것이라는 사실을 느껴보았을 것입니다. 그뿐 아니라 갑돌이가 갑순이에게 "나는 너를 사랑해"라고 하는 말을 을순이가 엿듣고 병순이에게 "갑돌이가 갑순이에게 '나는 너를 사랑해'라고 말하더라"라고 전한다 해서 나는 '너를 사랑해'라는 갑돌이의 '느낌의 체계'를 을순이가 병순이에게 똑같이 전할 수가 없겠지요.

이처럼 말이나 언어는 어떤 정황이나 상황을 있는 그대로 그려내지 못하고 왜곡하기 마련입니다. 그렇지만 갑돌이와 을순이가 갑순이와 병순이에게 '나는 너를 사랑해'라는 '말(언어)'을 매개하지 않고는 그 '느낌'이나 '사실'을 전할 길이 없다는 데에 또한 인간이라는 동물의 심각한 병이 자리하는 것이지요.

문제는 언어입니다. '손가락'과 '보름달'의 관계처럼 "달을 가리키면 달을 보아야지 왜 손가락을 보고 있나"라는 언표는 이 둘을 분리하고 있습니다. 하지만 방편(손가락)을 매개하지 않고는 진실(달)을 볼 수 없는 것이 우리 인간의 한계이기도 하지요. 그 때문에 언어를 어떻게 이해(해석)하고 받아들이느냐가 가장 중요한 관건이 됩니다.

붓다는 깨달음을 얻은 뒤 전법을 망설이게 됩니다. 일찍이 그 누구도 경험해보지 못한 깊고 그윽한 깨달음의 세계를 뭇삶들에게 제대로 전달할 수 있을까를 스스로 묻게 되지요. 그런 뒤에 무명에 가려 끊임없이 윤회해온 그들에게 인간과 세계에 대한 연기적 통찰의 가르침을 어떻게 전해줄 것인가, 그들을 어떻게 어둠의 세계에서 밝음의 세계로 이끌어낼 것인가, 그들은 그것을 듣고 과연 인간과 세계의 참모습을 찾으려고 할 것인가, 이렇게 자신의 깨달음이 제대로 전해질 수 있을까를 번민했습니다.

이때 범천이 붓다가 고민하고 있다는 사실을 알게 되지요. 그래서 "비록 지금은 그들의 근기가 낮고 열등하지만 그중에는 근기가 높고 우등한 뭇삶들이 있어서 언젠가는 그것을 이해할 수 있을 것"이라며 전법을 권하고 청합니다. 하지만 붓다는 바로 받아들이지 않지요. 범천의 거듭된 권청에 의해 붓다는 법열(法悅)의 자리를 떨치고 일어나 자신이 깨달은 진리의 세계를 설하게 됩니다.

이때 붓다는 '교법의 두 형식' 내지 '진리의 두 형식'인 이제(二諦)로 법을 설하게 됩니다. 그는 뭇삶들에 대한 자비심으로 세속제(世俗諦) 내지 제이의제(第二義諦)로 불리는 방편교설을 쓰게 되지요.

이후 붓다가 사용한 두 가지 담론을 '붓다 교법의 두 형식'으로 볼 것이냐, 아니면 '진리의 두 형식'으로 볼 것이냐에 따라 새로운 학설이 생겨납니다. '붓다 교법의 두 형식'으로 보는 것은 깨달음을 얻은 붓다가 뭇삶들에게 자신의 깨달음을 '어떻게 전할 것인가'에 집중하는 것이지요. 즉 가장 빼어난(最勝) 성스러운 진리(聖諦)인 승의제(勝義諦)라는 제1의적인 교설과 중생의 정신적 기질이나 환경 등에 따라 설해진 제2의적인 방편 교설을 말합니다. 이것은 '진리의 두 형식'으로 보면 말로 표현할 수 없는 가르침(不可言說)과 말로 표현할 수 있는 가르침이지요.

다시 말해서 이것은 연기설에 있어서의 경험적 진리(流轉)와 궁극적 진리(還滅), 경험적 언설인 기표(記標, 손가락)와 경험적 언설을 넘어선 기의(記意, 달)인 것이지요.

그래서 용수의 『중론』에서는 "두 가지 진리에 의해 모든 붓다들의 법의 시설이 있다./ 세속의 진리와 제일의로서의 진리이다./ 이 두 진리의 차이를 알지 못하는 자/ 그들은 붓다의 교설에 있는 깊은 진실을 알지 못한다"라고 역설합니다. 또 "언어에 의하지 않고서는 제1의는 드러나지 않는다./ 제1의에 도달하지 않고서는 열반은 증득되지 않는다"라고 말합니다.

이와 같이 진리의 두 형식인 이제(二諦)는 인간과 언어의 불가분리성에서 나온 진실이자 방편인 것이지요.

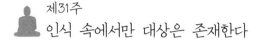

제31주
인식 속에서만 대상은 존재한다

唯_유
識_식
無_무
境_경

우리 눈앞에 펼쳐져 있는 텔레비전은 과연 실재하는 것일까요? 텔레비전에 나오는 대통령은 과연 텔레비전 속에서나마 실재하는 것일까요? 눈에 보이고 손에 잡히면 모두 실재하는 것이라고 말할 수 있을까요?

누구에게나 동일한 인식의 대상이면서 단순한 외견이나 착각, 환상, 허구와 같은 것과는 구별되는 '사물의 진실된 모습'이란 무엇일까요? 감관에 의해 지각되는 존재인 현상을 의식으로부터 독립된 객관적 실재라고 할 수 있을까요? 그리고 그것을 의식과는 분리된 그 무엇이라고 할 수 있을까요?

우리가 무엇을 보고(眼) 듣고(耳) 맡고(鼻) 맛보고(舌) 부딪치는(身) 개별적인 인식 활동은 의식(意識)이 종합하고 통제합니다.

만일 의식(제6식)이 여러 인식활동(전5식)을 제어하지 못하게 되면 우리의 삶은 혼돈 속에 빠질 것입니다. 뇌의 갑작스러운 혈액순환 장애로 의식을 잃고 쓰러져 팔다리의 수의(遂意)운동이 불가능해진 중풍(腦卒中) 환자를 살펴보면 알 수 있습니다. 손과 발 등 몸의 반쪽이 그의 의식의 통제로부터 벗어나 말을 듣지 않지요.

이러한 마비(痲痺) 현상을 한의학에서는 '불인(不仁)하다'고 합니다. 은행씨(杏仁)나 복숭아씨(桃仁)처럼 혈액이라는 생명의 씨앗(仁)이 제대로 소통하지 못한다는 뜻입니다. 즉 생명 활동의 커뮤니케이션(識)이 제대로 되지 않는다(不仁)는 뜻입니다. 그 때문에 의식은 의사소통 내지 혈액순환 등 생명활동의 기반이 되지요.

그런데 이 의식은 시각, 청각, 후각, 미각, 촉각 등을 통섭하는 의근(意根)과 비감각적 대상(法境)을 인연으로 하여 생깁니다. 인식 활동인 이 식은 여러 교리에서 설명되지요. 가장 대표적인 것은 존재의 다섯 가지 요소(五蘊) 가운데 다섯 번째인 식과, 열두 가지 인연 생기(十二緣起) 중의 세 번째인 식입니다. 특히 이 식은 '유식(唯識)'이라는 말에서 보다 심화되지요. 표층의식인 제6식과 심층의식인 제7식과 제8식 내지 제9식으로까지 설명됩니다.

'식'은 '의식' 내지 '인식의 작용 그 자체'를 말하지요. 이 식은 '비즈냐아나(vijñāna)'와 '비즈납띠(vijñapti)'로 변별됩니다. 이는 식을 인식의 주체로 보느냐 활동으로 보느냐에 의해 분기되는 것이지요. '비즈냐아나(識)'는 '식 자체' 내지 '어떤 대상을 내용으로 하는 식'을 말합니다. 그런데 이 '식'은 '항시 변하고 있는 흐름으로서의 식'입니다. '비즈납띠'는 '인식되어진 것' 또는 '인식의 내용' 내지 사물의 겉모습인 '표상(表象)'을 일컫습니다.

우리가 흔히 인식의 대상으로 파악하고 있는 사물은 의식으로부터 독립된 객관적 실재가 아니라는 것이지요. 그것은 단지 내 마음에 나타난 사물의 겉모습(表象)일 뿐이며, 모든 사물은 내 의식의 스크린에 투영된 이미지(影像)에 불과하다는 것입니다.

즉 인식 속에서만 대상은 존재한다는 것이지요. 이를 주관적 관념론으로 이해할 수도 있겠지만 유식학을 반드시 그렇게만 볼 수는 없습니다. 유식 역시 연기·무자성·공의 입장에서 존재를 바라보고 있기 때문입니다.

세친은 그의 『유식이십론』(실은 22송)에서 대상의 비실재성을 논구하고 있습니다. 그는 사물의 시간적, 공간적 구별, 동일한 대상의 인식, 대상에 따라 취하는 성공적인 행위들에 대한 설명을 꿈의 현상에 대비하여 해명하지요.

즉 악업으로 지옥에 떨어진 이들에게 지옥의 고통을 체험하지 않는 지옥의 문지기들은 객관적 존재일 수 없다는 것입니다. 문지기들은 단지 지옥의 고통을 받는 이들의 나쁜 업의 결과일 뿐이라는 것이지요. 결코 객관적 실재로서 존재하는 문지기가 아니라는 것입니다.

이렇게 본다면 '업이 남긴 힘' 또는 '습기(習氣)'는 모두 우리의 식 안에 내재한다는 것이지요. 세친은 우리의 인식은 모두 식 자체의 종자(씨앗)로부터 생겨나는 것일 뿐이며 주체와 객체는 모두 식의 나타남에 지나지 않는다고 역설합니다.

중국 자은(법상)종에서 '안난진호(安難陳護) 1·2·3·4'라는 말로 식의 사분(四分)설을 제기한 것도 바로 '대상'을 '인식' 속에서 해명하려는 노력에서 비롯된 것이라 할 수 있지요. 하지만 이 식이라는 것도 실체는 아닙니다. 폭포수와 같은 하나의 흐름일 뿐이지요.

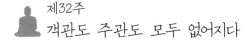

境_경
識_식
俱_구
泯_민

우리 삶의 가장 근원적 기반은 나와 너, 정신과 물질, 인식과 존재 등의 두 범주로 이루어져 있습니다. 이것을 달리 말하면 주관과 객관, 주체와 객체, 안과 밖, 자아와 세계, 인간과 자연 등이라고도 할 수 있지요. 불교에서는 이 범주를 '나(我)'와 '법(法)' 내지 '식(識)'과 '경(境)'의 두 축으로 설명합니다.

내가 '무엇을 본다'고 할 때 보는 주체는 나의 '식(識)'입니다. 대상을 갈라 보거나 다르게 보는 주체인 '식'은 모든 심리현상이자 일체의 주관적인 마음 자체를 말하지요. 내 눈앞에 서 있는 나무는 나의 감각적 식인 안식이 나무와 부딪치어(觸) 연기한 것입니다. 이때 전5식의 대상과 동일한 대상을 인식하는 제6식을 동연(同緣) 의식이라 하지요. 동일하지 않은 대상을 인식하는 제6식을 부동연(不同緣) 의식이라 합니다.

동연과 부동연 의식 모두가 전5식과 함께 생겨나므로 오구(五俱) 의식이라고 합니다. 또 눈으로 보지 않고, 귀로 듣지 않으면서 무엇인가를 생각하거나 기억하거나 상상할 수 있는 것처럼 전5식이 없는 상태에서 홀로 발생하는 의식을 불구(不俱) 의식이라 합니다.

아울러 이 불구 의식은 다시 의식이 발생하는 순간 전5식의 대상은 이미 사라지고 없지만 이전에 발생했던 오구 의식을 이어 다시 재생해 내는 기억 활동인 오후(五後) 의식과 감각대상이 없는 상태에서, 그 이전의 오구 의식과 관계없이 독자적으로 발생하는 독두(獨頭) 의식으로 분기합니다.

그런데 "바깥의 대상(外境)은 망령된 인식(妄情)에 따라 시설된 것이므로 식처럼 있는 것이 아니다"라고 『성유식론』은 말합니다. 또 "안쪽의 식(內識)은 반드시 인연에 의해 생겨나는 것이므로 '경'처럼 없는 것이 아니다"라고도 말하지요. 이때 '경'은 '감각과 사유와 욕망의 대상들'이자 '모든 객관적 존재'입니다.

불교는 '무엇이 있다'고 할 때의 실재론(有宗)과 '무엇이 없다'고 할 때의 해체론(空宗)의 대립을 넘어서려고 하지요. 그것이 독단적인 유종이든 허무적인 공종이든 불교는 이 이분법을 넘어서는 지혜의 길, 즉 중도의 길을 제시하고 있습니다.

신유식의 담론인 유식무경(唯識無境, 識外無境)은 물리적 대상(外境)을 인식 주체(內識)의 전변, 즉 식이 전화 변이한 것(識所變)이라고 보지요.

인식된 내용의 형상은 소연경(所緣境)이 아니라 능연식(能緣識)에 속하는 것으로 보아 대상화된 변계소집과 순수한 의타기(依他起)의 식을 구분합니다.

인식 대상의 가유성을 인정하여 식의 실상(相) 탐색(有)에 치중하므로 유상유식이라 하지요. 이와 달리 구유식의 담론인 '경식구민(境識俱泯)'은 물리적 대상(所取)과 인식의 주체(能取)의 허망성이 사라질 때 진실성이 드러난다고 봅니다. 인식된 내용의 형상을 소연경에 속하는 것으로 보아 그 인식된 형상을 넘어서려고 하지요. 인식 대상의 허망성을 강조하여 상(相)이 없는(無) 진여에 이르고자 하므로 무상유식이라고 합니다.

이 '경식구민'의 담론은 덕혜−안혜−진제로 이어지며, '유식무경'의 담론은 호법−계현−현장으로 이어지지요. 이 두 담론은 중관학과 달리 식 속에서의 물리적 대상이 가유(假有)로서 존재한다는 것을 모두 인정합니다. 다만 우리들의 인식의 필드인 식의 실성을 유로 보느냐, 무로 보느냐, 다시 말해서 인식 속에서의 형상(形相)을 실재하는 것으로 보느냐, 실재하지 않는 것으로 보느냐에 따라 분기되지요.

무상유식은 인식된 대상(所取)이 없으므로 인식하는 주체(能取) 역시 없는 것으로 봅니다. 주체가 허망하므로 대상 역시 허망하다는 것이지요. 그 때문에 객관(境)과 주관(識)이 모두 사라질 때(俱泯) 비로소 진실성이 드러난다고 봅니다.

이러한 두 담론은 중국으로 수용되면서 망식설(妄識說)을 제시하는 지론종 북도파와 정식설(淨識說)을 제시하는 지론종 남도파로 갈립니다. 또 덕혜와 안혜의 무상유식은 진제의 섭론계로 이어지고, 진나와 호법과 계현의 유상유식은 현장의 자은(법상)계로 상승됩니다.

식의 3분설(陳郡)과 4분설(護法)의 제기는 유상유식으로, 1분설(安慧)과 2분설(難陀)의 제기는 무상유식으로 나눠졌던 것이지요. 모두가 '식의 형상을 어찌 볼 것인가'라는 물음의 답이었던 것입니다.

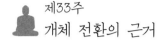

제33주
개체 전환의 근거

轉전
依의

우리의 삶은 고비 고비마다 전환이 있기 마련입니다. 누구를 만나고, 어떤 제도 속으로 편입되고, 이전의 삶과 이후의 삶을 가르는 깨달음으로 말미암아 그렇게 되지요. 이 전환은 끊임없이 되풀이하는 미혹된 삶의 방식을 택할 것이냐, 아니면 다시는 생사를 되풀이하지 않는 깨달음의 삶으로 나아갈 것이냐에서 이뤄지는 것입니다. 이러한 전환의 계기를 어떻게 받아들이느냐에 따라 주체적인 삶 내지 수동적인 삶이 비롯됩니다.

그 때문에 전환의 타이밍 내지 모멘트(moment)를 놓치지 않는 통찰이 요구되지요. 이러한 통찰은 수행이라는 어떠한 계기를 통해 가능해집니다. 인식의 전회 내지 발상의 전환으로부터 비롯되는 수행은 몸을 바꿈으로써 마음까지 바꾸는 것을 말합니다.

그런데 어떠한 전환과 전개가 이전의 삶과 완전히 단절되어 이루어지는 것이 아니라 번뇌에 물들어 있던 '맑고 깨끗한 본래의 자기 마음(自性淸淨心)'을 회복하는 것입니다. 마치 석공이 토함산 석불사 본존불(석굴암)을 쪼아 빚어낸 것이 아니라 입고 있던 돌 옷을 정으로 쪼아내어 돌 속에 들어 있던 대불을 꺼낸 것이라고 말하듯이 말입니다.

　우리가 지니고 있는 자성청정심은 시작을 알 수 없는 먼 과거 이래로 우리의 심성에 부착된 손님처럼 온 번뇌(客塵煩惱)에 의해 가려져 있는 것입니다. 그래서 이 번뇌를 털어내면 본래부터 존재하고 있던 생명이 현현한다는 것이지요.

　금의 광석은 이미 금 그 자체에 있었던 것처럼 말입니다. 또한 더러운 물로부터 증류수를 얻게 되고 그 물은 다시 구름으로 뒤덮인 허공이 되었다가 한 점의 티끌도 없는 맑은 허공으로 바뀌는 것처럼 말입니다.

　전의(轉依)는 유구(有垢)한 자성청정이 무구(無垢)한 자성청정으로 바뀐 경지를 말합니다. 즉 잡염(雜染)으로부터 청정으로 바뀌는 현상적인 변화와 청정으로부터 청정이 되는 진실한 변화까지를 포함하지요. 그 때문에 전의는 수행의 구극에서 얻는 무구청정이 아니라 '무변화의 법성'입니다. 전의를 어원적으로 보면 '어떤 성질이 일어난다(āśraya-parivṛtti)'는 뜻과 '다른 것으로 전환하는 사건을 위한 근거(āśraya-parāvṛtti, 所依)'라는 뜻이 있습니다.

'법성'을 '소의'로 보게 되면 전의는 그 소의 자체가 다른 것으로 전환하는 것을 말합니다. 내용적으로 보면 바꾸어버리는 '전사(轉捨)'와 바꾸어 얻는 '전득(轉得)'이 있지요. 즉 연이라는 타자에 의해 생겨난 제8식은 법계(진여)인 원성실성으로 전환시키는 근거이지요.

다시 말해 의타기한 제8식은 원성실성의 열반을 성(性)으로 하고, 그 속에다 마음의 장애(번뇌장)와 무지의 장애(소지장) 및 무루의 종자를 머금어 간직합니다. 이때 '바꾸어버릴 것(轉捨)'은 번뇌장과 소지장이고 '바꾸어 얻을 것(轉得)'은 보리와 열반이지요. 중요한 것은 전환의 근거인 의타기성을 중심으로 변계소집성과 원성실성을 보아야만 된다는 것입니다.

의타기한 개체(事)와 법계(진여)는 서로 같을 수도 없고(不可同) 서로 다를 수도 없는(不可分) 관계로 성립되어 있습니다. 이들 관계는 이미 오래전부터 이렇게 성립되어 있기 때문에 존재와 인식(자각)은 서로를 거스를 수 없는(不可逆) 것이지요.

하지만 진여는 자성을 고수하지 않고 인연을 따른다(不守自性隨緣性)는 측면에서 본다면 불가역할 수 있지요. 초개체(理)인 진여 자신의 구사에 의해 자비나 본원이 성립하기 때문입니다.

불교에서는 부처와 중생의 관계를 거스를 수 없는(不可逆) 것으로 보지 않습니다. 개체와 초개체는 나뉠 수 없고, 같을 수도 없습니다. 다만 전환의 근거인 의타기성에서 볼 때 중생은 부처에 대해 거스를 수 있지요(可逆). 그러나 부처는 '처음부터 중생에 대한 자비심'에 의해 거듭 나툰다는 측면에서 보면 거스를 수 없는 것(不可逆)으로 볼 수도 있습니다.

개체와 초개체 즉 원리와 사태의 무애(無碍) 관계는 특히 화엄에서 잘 해명됩니다. 전의는 의타기성과 원성실성, 식과 진여를 분절하지 않고 분절을 해명하려고 합니다.

이치(理)와 지혜(智)가 둘이 아니듯이 전의는 8식과 법성을 분절하지 않고 존재와 인식을 해명하고 있습니다.

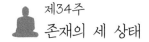

三삼
性성

여기에 지우개가 있다고 할 때 그것은 어떠한 상태에 있는 것일까요? 지우개는 '상태(성질)' 내지 '속성'의 측면에서 셋으로 분석(三性)할 수 있습니다. 지우개는 헝겊, 두꺼운 종이, 물감, 실 등에 의해서 형성되어 있습니다.

이렇게 어떠한 다른 여건들에 의지해서 생겨나는 성질을 의타기성(依他起性, 의타성)이라 합니다. 자기 혼자만으로는 생겨나기 어렵고 반드시 여러 인연(조건)에 의해 생겨나는(衆緣所生) 사물과 마음의 모든 현상(유식 100법 중 94법)이지요.

이 의타기성은 모든 존재의 기반을 형성하므로 부정될 수 없습니다. 또 우리가 지우개라고 이름 붙이는 순간 지우개 아닌 것이 생겨나 차별이 있게 되지요. 이처럼 명칭에 의해 세워진(名言所立) 것이자 분별에 의해 생겨난 것이 변계소집성(遍計所執性, 분별성)입니다. 여기에는 '명칭에 의해 세워진 것'과 '명칭이 의거하는 것'이 있게 됩니다.

이때 언어를 통해 갖추어 드러내는 것을 '가설(假說)'이라 하고 그 가설의 근거는 반드시 '무엇(존재)'에 의거하지요. '변계'는 이리저리 주위를 미루어 생각(周遍計度)하는 것입니다. '계탁'은 자기의 감정과 욕망에서 옳고 그름, 선함과 악함의 차별적 집착을 일으키는 것이지요.

이 집착은 모든 사물에 대하여 주관적 색채를 띠고 보므로 '주변'이라 합니다. '소집'은 변계에 의하여 잘못보이는 대상을 말하지요.

즉 자기 주관의 색안경을 쓰고서 대상을 올바르게 보지 못하고 언제나 잘못 분별하는 것이 변계소집입니다. 이 능변계하는 마음이 소변계의 법을 망령되게 집착할 적에 그 망령된 인식(妄情) 앞에 나타나는 그림자를 변계소집성이라합니다.

여기에 또 무시이래로 '이미 완전히 성취되어 있는 것'으로 보면 원성실성(圓成實性, 진실성)이 되지요. 원성실성은 있는 그대로의 참된 실재(眞如)를 말합니다. 현상의 본체이자 본디부터 원만하게 성취되어 있는 진실한 자성이자 진여이지요. 진여의 자체는 우주에 가득하여 ① 있지 아니한 데가 없고, ② 생하고 멸하는 변화가 없고, ③ 인연으로 성립된 허망한 존재가 아니지요. 이러한 세 가지 뜻을 갖춘 것은 진여뿐이므로 이렇게 부릅니다.

존재의 세 상태(성질)의 예를 들어보지요. 이를테면 가로등도 없는 깜깜한 골목길에 새끼줄이 떨어져 있다고 합시다. 이 새끼줄은

'짚'이나 '마'를 꼬아서 이루어진 성질을 지니고 있지요(依他起性). 그런데 어떤 사람이 골목길을 걸어오다가 이 새끼줄을 보고 마치 뱀과도 같아서 깜짝 놀랐다고 합시다.

이때 새끼줄은 소변계이고, 뱀이라고 분별하는 마음은 능변계이며, 이때에 눈앞에 떠오르는 뱀의 그림자는 변계소집성입니다. 그런데 이 새끼줄을 있는 그대로 살펴보니 뱀이 아니라 본디부터 실체가 아닌 공성인 원성실성이지요.

하이데거가 언어를 '존재의 집'이라 한 것처럼 인간의 삶은 언어와 존재를 매개하여 이루어집니다. 언어는 명(名)과 구(句)와 문(文)으로 분석됩니다. '문'은 문장 혹은 문자가 아니라 '음소(音素)'를 뜻하지요. 언어는 음소와 개념이라는 이중구조를 가지고 있습니다.

구조주의 언어학자 소쉬르는 이것을 기호(언어)의 자의성, 즉 기호에 있어서의 '청각적 인상'(能記)과 '개념'(所記)의 관계로 지적했습니다. 음소란 그 이상 더 작은 음운적 단위로 나눌 수 없는 초성, 중성, 종성과 같은 낱소리글을 일컫지요.

'구'는 문장이자 차별을 명료하게 밝히는(句詮差別) 표현입니다. 즉 '하늘이 파랗다'(주어-술어)고 할 때, 파랗지 않은 것과 구별된다는 뜻입니다.

'명'은 명사(개념) 내지 단어(주어)이자 자성을 명료하게 밝히는(名詮自性) 표현입니다. 단어라고 할 때는 음소와 개념이 결합된 것을 말합니다. 언어는 존재를 형성하기도 하지요. 즉 변계소집성을 집착하는 경험(能遍計)이 아뢰야식에 훈습되고 그 결과 미래에는 그 변계소집에 어울리는 의타기성(8식)이 생기합니다. 그 의타기성이 또한 변계소집성의 근거가 됩니다.

하여 우리는 언어가 존재를 형성하고 존재가 언어를 불러일으키는 미혹의 순환 속에서 살아가는 것입니다. 이러한 명언훈습(名言薰習)을 어떻게 벗어나느냐가 주요 관건이지요.

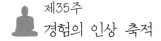

제35주
경험의 인상 축적

薰 훈
習 습

"서당개 삼 년이면 풍월을 읊는다"라는 말이 있습니다. 이는 삼 년 동안의 '경험의 반복'이 서당개의 의식의 스크린에 인상지워져서(薰習) 축적되어(習氣) 가능한 것이지요.

『논어』에서도 "배우고 때에 맞춰 익히면 또한 즐겁지 아니한가"라고 했습니다. 새가 깃(羽)을 끊임없이 파닥거리는(習) 반복을 통해 비로소 제 날갯짓으로 육화된다는 것이지요.

'이슬비가 옷을 적시듯' 좋은 것이든 나쁜 것이든 그것을 거듭하여 배어(薰) 익히면(習) 자신의 몸과 마음에 젖어들기 마련입니다. 훈습은 우리의 몸과 입으로 표현하는 선악의 행동이나 말 내지 뜻에 일어나는 선악의 생각 등이 생겨나는 그대로 없어지지 않고 반드시 어떠한 인상이나 세력을 자기 마음의 몸체(心體)에 머무르게 하는 작용이지요.

향을 싼 종이에는 향냄새가 배는 법입니다. 우리의 업식도 7식의 활동인 경험(轉識)의 인상 반복으로 아뢰야식의 스크린에 레코딩되어 저장되는 것이지요. 처음 만나거나 가보았음에도 불구하고, 전에 한 번 보았거나 와본 느낌이 들 때가 있을 겁니다.

심리학의 말처럼 '기억 오류의 한 형태인, 지금 보는 것은 다 처음 보는 것이라는 의식'인 미시감(未視感)과 달리 '기억 오류의 특수한 형태인, 지금 보고 있는 것은 전부가 과거의 어느 때에 체험한 것과 같으나 그것이 언제였던가를 알지 못하는 의식'인 기시감(旣示感)일 수도 있지요.

하지만 그것은 무시(無始) 이래(以來)로부터 비롯된 내 경험 인상의 축적(薰習)에서 이뤄진 업(業)종자 혹은 명언(名言)종자에 근거하는 것입니다.

종자는 우리들이 현실세계에서 겪는 경험이 의식 밑의 심적 영역인 아뢰야식에 인상지워져 축적된 것입니다. 이를 "현행(現行)이 아뢰야식에 훈습하여 습기(種子)를 낳는다" 하여 '현행훈종자(現行薰種子)'라 하지요.

이 종자는 아뢰야식에 축적되어 있다가 인연이 무르익으면 7전식의 활동으로 발현합니다. 마치 땅 속에 있던 식물의 씨앗이 막 발아하는 것과 같다 하여 '종자생현행(種子生現行)'이라고 하지요.

아울러 아뢰야식 속에서 발현되지 않는 동안 이 종자는 같은 종자를 찰나 찰나 산출하여 다른 형태로 성숙(異熟)시켜갑니다. 이것을 '종자생종자(種子生種子)'라 하지요. 이와 같이 종자와 현행은 '현행훈종자', '종자생현행', '종자생종자'의 세 작용 속에서 끊임없이 상속해

가는 것입니다.

『대승기신론』에서는 이 훈습을 네 가지로 변별하고 있습니다. 먼저 진과 망이 서로 훈습하여 정법훈습(1종)과 염법훈습(3종)이 됩니다.

* 『大乘起信論』의 교리체계와 須彌山 세계관의 대비

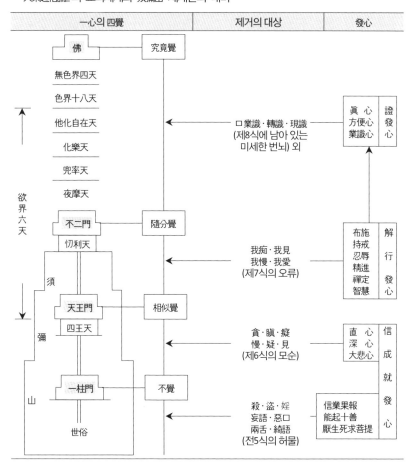

一心의 四覺		제거의 대상	發心
佛	究竟覺		
無色界四天			
色界十八天			
他化自在天		□業識·轉識·現識 (제8식에 남아 있는 미세한 번뇌) 외	眞心 證 方便心 發 業識心 心
化樂天			
兜率天			
夜摩天			
不二門	隨分覺		
忉利天		我痴·我見 我慢·我愛 (제7식의 오류)	布施 解 持戒 行 忍辱 精進 發 禪定 心 智慧
天王門	相似覺		
四王天		貪·瞋·癡 慢·疑·見 (제6식의 모순)	直心 信 深心 成 大悲心 就
一柱門	不覺		發 心
世俗		殺·盜·婬 妄語·惡口 兩舌·綺語 (전5식의 허물)	信業果報 能起十善 厭生死求菩提

欲界六天 / 須彌山

염법(染法)훈습인 ① 무명(無明)훈습은 망염의 현상을 일으키는 근본 원인이 진여를 훈습하여 망심을 내는 거죠. 즉 무명이 진여에 훈부(薰付)하여 갖가지 허망한 모양을 나타내고, 거기에 생멸 변화하는 현상을 일으키는 것입니다. 여기에는 근본(根本)훈습과 소기견애(所起見愛)훈습이 있습니다.

② 망심(妄心)훈습은 망심이 도로 무명을 훈습하여 깨닫지 못하는 생각을 강하게 하므로 망경계를 나타내는 것입니다. 즉 진여가 무명의 훈습을 받아 움직이는 상을 드러내어 업식이란 망심이 되고, 망심이 일어나서는 다시 무명을 훈습하여 무명이 더욱 커지고 마침내 망경계를 나타내게 됩니다. 여기에는 업식근본(業識根本)훈습과 증장분별사식(增長分別事識)훈습이 있습니다.

③ 망경계(妄境界)훈습은 망경계가 다시 망심을 훈습하므로 염착(染著)하는 마음이 일어나 차례로 여러 가지 업을 지어 몸과 마음의 고통을 받습니다. 이는 진여법을 알지 못하므로 망심이 일어나 망경계를 나타내고, 이 망경계가 또 망심을 훈습하여 미혹(惑)을 일으키고, 미혹으로 말미암아 여러 가지 업을 짓고, 업(業)으로 말미암아 몸과 마음의 괴로운 결과(苦報)를 냅니다. 여기에는 증장념(增長念)훈습과 증장취(增任取)훈습이 있습니다.

④ 정법훈습은 염법의 현상을 면하고 진여 본체에 환원하려는 작용의 방면에서 이름한 것입니다. 즉 진여가 무명을 훈습하여 무명을 이기면 정법이 나타나고, 무명의 힘이 세면 염법의 현상이 일어나 근

본업식이 생겨납니다.

이처럼 훈습은 제8식 이외의 7식의 활동이 어떠한 형태로 제8식에 배어 들어가는 경험 인상 축적의 작용을 말합니다.

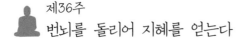
轉 전
識 식
得 득
智 지

우리가 무엇을 '안다'고 할 때의 그 '안다는 것'이란 과연 무엇일까요?
그것은 '언제 안다'는 것이며, '안다는 것'과 '모른다는 것'은 또 어떤
차이가 있는 것일까요?

　인식론은 지식의 원천이 무엇이고, 지식의 확실성을 어떻게 확보
하며, 지식을 얻을 수 있는 방법은 무엇이냐 등등의 문제를 논구하는
담론입니다.

　앎은 인간이 자신을 성찰하면서부터 문제되어 왔습니다. 플라톤
과 아리스토텔레스로부터 시작된 '앎의 문제'는 중세를 거쳐 근세에
이르면서 데카르트에 의해 철저한 분석이 시도되었습니다. 철학의
가장 큰 문제는 내용적 측면에서 볼 때 도덕적 선의 옳고 그름을 가
리는 것이지요. 존재, 지식(앎), 가치(윤리)의 문제에 있어 어느 것이

옳고 그른가를 가리기는 매우 어렵습니다.

그 때문에 여기에다 방법론으로서의 논리의 문제가 추가되었지요. 이에 비해 석존과 노자와 공자는 그러한 '말'과 '논리'를 매개하는 '앎의 문제'를 수용하면서도 거기에서 한 걸음 더 나아가 우리의 '삶의 문제'를 깊이 천착했습니다.

'안다는 것'은 언어 분별을 매개하여 무엇을 헤아린다는 의미입니다. 미혹의 세계를 벗어나 아직 자기화되지 못했다는 것이지요. 불교의 지향은 '미혹의 세계를 돌이켜 깨달음의 세계를 여는 것(轉迷開悟)'입니다.

유식에서는 번뇌 있는 의식(有漏識)을 전환시켜 번뇌 없는 마음(無漏智)에 상응하는 네 가지 지혜를 얻고자 합니다. 즉 진리의 발견 단계인 견도위(見道位)에 들어갈 때에 의식을 전환하여 제8식을 대원경지, 제7식을 평등성지, 제6식을 묘관찰지, 전5식을 성소작지로 바꾸는 것이지요.

이는 붓다의 세계(佛界)에 이르기 위해 유루의 8식을 닦아서 무루의 4지를 얻는 것을 말합니다. 전5식은 제6식이 전5식 중의 어느 것과도 함께 생겨나므로 오구(五俱)의식이라고 하지요.

전5식을 전환하여 얻게 되는 성소작지는 범부와 이승 등을 이롭고 즐겁게 하기 위해 시방에서 3업으로 여러 가지 변화하는 일을 보여 각기 이로움과 즐거움을 얻게 하는 지혜입니다. 즉 불과에 이르러 유루의 전5식과 그 상응심품(相應心品)을 전사(轉捨)하고 얻은 지혜이지요. 제6식인 의식(了別境識)은 대상을 분별하기 때문에 '식'이라고 하고 의식 그 자체만으로 홀로 생겨나므로 독두(獨頭)의식이라 합니다.

여기에는 정중(定中)독두의식, 산위(散位)독두의식, 몽중(夢中)독두의식의 3종이 있지요. 이 독두의식이 모든 법의 모습을 묘관찰하여 설법을 베풀고 의혹을 끊게 하는 지혜로 전환하는 것입니다. '묘'는 불가사의한 힘의 자재를 말하고, '관찰'은 모든 법을 살피는 것을 말하지요. 모든 법을 관찰하여 정통하고, 중생의 근기를 알아서 헬 수 없는 자재한 힘을 나타내며, 공교하게 법을 설하여 갖가지 의심을 끊게 하는 지혜입니다.

제7식인 말라(思量)식은 언제나 나를 중심으로 헤아리기 때문에 의(意)라고 하지요. 평등성지는 일체의 모든 법과 자기나 다른 유정들을 반연하여 평등 일여(一如)한 이성을 관찰하고 '나'와 '남'이라는 차별심을 여의어 대자비심을 일으키며, 보살을 위해 갖가지로 교화하여 이롭게 하는 지혜입니다. 유식의 수행5위의 통달위(3위)에서 그 일부분을 증득하고, 불과에 이르러 그 전부분을 증득하지요.

제8식인 아뢰야(集起)식은 경험을 축적하고 행위를 일으키므로 심(心)이라고 합니다. 성불한다는 뜻을 지닌 해성(解性)아뢰야, 18계를 반연한다는 뜻에서 과보(果報)아뢰야, 진여의 경계를 반연 하여 네가지 비방을 일으키는 염오(染汚)아뢰야라 하지요.

거울에 한 점의 티끌도 없이 삼라만상이 그대로 비추어 모자람이 없는 것과 같이 원만하고 분명한 지혜이므로 대원경지(大圓鏡 智)라

합니다. 유루의 8식을 비추어서 얻는 무루의 지혜이자 불과(佛果)에서 처음으로 얻는 지혜이지요.

제9식인 아마라(無垢)식은 자성청정심(自性淸淨心) 또는 법계체성지(法界體性智)라 합니다. 이는 만유 제법의 체성인 지혜의 몸체(智體)이지요. 진여를 체로 삼으며 진여 또는 실제라고 하고 무구식(無相識) 또는 본각(本覺)이라 합니다.

이와 같이 '유루식을 돌이켜 무루지를 얻는' 전식득지는 유식의 목표이자 불교의 궁극적 지향이지요.

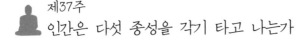

인간은 다섯 종성을 각기 타고 나는가

五_오
性_성
各_각
別_별

사람의 본성은 동물의 본성과 같을까요, 다를까요? 약 5백만 년 전후에 인간은 '직립'을 시도함으로써 조상을 공유하였던 침팬지와 분기하였습니다. 하지만 유전자의 차이로 갈라져 나왔으므로 외모(外貌)는 다르지만 아직 내성(內性)은 같은 측면이 남아 있지 않을까요?

두 본성에는 서로 같다(相同)는 측면과 서로 다르다(相異)는 측면이 상재할 수 있습니다. 같다는 주장에는 "본연성이 지닌 선의 절대성을 강조함으로써 인간성의 권위를 확립하려는 의도"가 있지요.

다르다는 주장에는 "본연성이 지닌 선의 이질적으로 독특한 고귀성을 강조함으로써 인간성의 권위를 확립하려는 의도"(윤사순)가 있습니다. 이는 일원(一原)과 이체(異體)에서의 본연지성(本然之性)의 관점과 초형기(超形氣, 相同)와 인기질(因氣質, 相異)의 관점에서 분기되는 것이지요.

이는 형기를 넘어선 리(理)적 측면과 기질에 입각한 기(氣)적 측면에서 바라보는 관점의 차이라 할 수 있습니다. 이것이 조선조 중후기의 성리학에서 유행했던 이른바 '인물성동이(人物性同異)'의 담론이지요.

이와 달리 불교에서는 보다 근원적인 측면에서 사람에 내재하는 성품에 대한 깊은 논의가 오래전부터 있어 왔습니다. 이것은 깨달음(지혜)이라는 종자를 성취하려는 불교도들의 사상적 고투의 결과라고 할 수 있지요.

사람의 성품은 태어날 때부터 선천적으로 구별이 있을까요? 아니면 모든 사람들은 누구나가 부처가 될 가능성이 있어 그러한 선천적인 구별은 존재할 수 없을까요? 이러한 두 물음은 7세기 동아시아 사상사에서 가장 치열한 논쟁을 벌였던 명제입니다.

유식의 『해심밀경』과 『유가사지론』의 경론은 그 종자의 종류나 유무에 따라 그 사람의 종성(種姓)이 정해진다고 언표하지요. 즉 중국의 자은(법상) 학통은 이에 근거하여 "모든 유정은 본래부터 법이 자연(法爾自然)으로 5종성의 다섯 가지구별을 타고 난다"라고 역설합니다. 이는 『열반경』의 "모든 중생은 모두 부처가 될 가능성을 가지고 있다(一切衆生 悉有佛性)"는 주장과 달리 결정코 성불할 수 없는 존재를 설정해두는 것이지요.

이는 사람의 성품에는 선천적으로 ① 본래부터 부처가 될 무루 종자를 갖춘 이(菩薩定性), ② 벽지불이 될 무루 종자를 갖춘 이(緣覺定

性), ③ 아라한이 될 무루 종자를 갖춘 이(聲聞定性), ④ 두 가지 종자나 세 가지 종자를 갖춘 이(三乘不定性), ⑤ 성문 연각 보살의 무루종자는 없고 다만 인승(人乘)이나 천승(天乘)이 될 유루 종자만 갖춘 이(無性有情)의 5종이 있다는 것이지요.

그런데 네 번째 성품인 무성유정에는 다시 ① 부처가 될 수 있는 종자와 아라한이 될 수 있는 종자를 갖춘 이(보살 성문 부정성), ② 부처 될 종자와 벽지불이 될 종자를 갖춘 이(보살 연각 부정성), ③ 아라한이 될 종자와 벽지불이 될 종자를 갖춘 이(성문 연각 부정성), ④ 아라한이 될 종자와 벽지불이 될 종자와 부처가 될 종자를 갖춘 이(성문 연각 보살 부정성)가 있습니다. 이처럼 인간의 성품은 태어날 때부터 각기 따로 따로 결정되어 있다는 뜻에서 '오성각별설'이라고 하지요.

이 담론은 영구히 성불할 수 없는 무성유정과 성문과 연각의 과증(果證)만 얻을 결정성문(決定聲聞)과 결정연각(決定緣覺)의 종성(種姓)을 세우고, 부정종성과 보살종성만이 성불할 수 있다고 말합니다.

그 때문에 자은 학통의 대표적 사상가인 규기(窺基)는 자신의 논지를 위해 다시 생사를 즐기는 단선근(斷善根)천제, 열반을 즐기지 않는 대비(大悲)천제, 영원히 열반의 성품이 없는 무성(無性)천제로 나누어 일분무성론(一分無性論), 즉 일천제불성불론(一闡提不成佛論)을 입론합니다. 결정코 성불할 수 없는 이가 존재한다는 것이지요.

이와 달리 신라의 문아(文雅, 圓測)는 "보살종성과 부정종성만이 성불할 수 있고 무성종성인 일천제는 성불할 수 없다"는 것은 삼승가 (三乘家)의 방편적 담론이고 "모든 존재는 누구나 성불할 수 있다"는 것이 불설의 핵심인 중도설에 입각한 진실한 담론이라 역설합니다. 이를 일승가(一乘家)의 입장에서 모든 중생의 성불을 논변한 '일체개 성설(一切皆成說)'이라고 하지요.

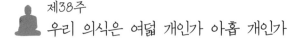

八_팔
識_식
九_구
識_식
論_론

몸과 마음을 바꾸는 수행 문화가 널리 퍼지고 있습니다. 깨달음의 성
취에는 출가다 재가다 하는 변별이 있을 수 없지요. 물리적인 '집'으
로부터의 출입이 깨달음의 성취에 하등 방해가 되지 않는 것은 아닐
겁니다. 가급적이면 '집'으로부터 자유로운 수행 환경이 깨달음의 성
취로 나아가는 지름길이 될지도 모르지요.

　하지만 그 '집'이 절대적인 기준이 될 수 없다는 것은 『유마경』의
유마 거사가 잘 말해주고 있지요. 중요한 것은 '어디서가 아니라 어
떻게'라고 할 수 있습니다.

　아무리 좋은 환경에 있다 하더라도 자기와의 싸움에서 승리하지
못하면 깨달음을 이뤄낼 수 없는 것이니까요. 우리의 삶과 모든 수행
의 핵심 관건은 모두 자기 내면과의 싸움에서 그 성취와 비성취가

갈려진다는 데에 공통점이 있다는 것입니다.

그러면 어떻게 해야 붓다가 될 수 있을까요? 붓다가 될 수 있는 성품이 내안에 내재해 있다면 나는 금생에 붓다가 될 수 있을까요? 나 또한 붓다가 성취한 삶과 같은 '삶의 질'을 과연 얻을 수 있나요? 이러한 물음들이 불교를 처음 만난 이들이 직면하는 충격이자 화두입니다.

대승불교는 희망의 가르침입니다. 누구나가 붓다가 될 수 있다고 합니다. 그럼에도 불구하고 우리가 붓다가 되지 못하고 있는 것은 근원적인 문제의식이 싹트지 않았기 때문일까요?

'처음 마음을 일으켰을 때가 곧 바른 깨달음을 이룬 것(初發心時便成正覺)'이라고 했을 때 '초발심'이 과연 '정각'이 될 수 있을까요? 붓다처럼 헬 수 없는 전생의 수행 없이도 바로 이 자리에서 그와 동일한 깨달음을 얻을 수 있을까요?

흔히 시작도 없는 세월 동안 알지 못하는 사이에 조금씩, 조금씩 배어들어온 '무명의 훈습력'에 의해 오늘의 나의 삶이 존재한다고 합니다. 그렇다면 이러한 무명의 훈습력을 단번에 끊으면(頓悟) 곧바로 붓다가 될 수 있을까요? 그리고 그것은 과연 점차로 끊어가는 것이 아니라 단번에 끊을 수 있는 것일까요?

'인간의 의식을 몇 개로 볼 것인가'의 문제는 7~8세기 동아시아 사상사의 가장 뜨거운 화두였습니다. 안식으로부터 신식에 이르는 전5식과 제6식(了別境識), 제7식(末那識), 제8식(阿梨/黎/賴耶識)으로 볼 것이냐, 아니면 아뢰야식 아래에다 다시 제9식(阿摩羅識, 無垢/白淨識)을 두느냐의 문제이지요.

저는 이러한 담론을 '팔식구식론'이라 명명합니다. 이는 신구(新舊) 유식의 가장 또렷한 변별 근거가 되지요. 또 '인간의 선악은 어디에서 갈리는가'를 말하는 조선조 퇴율 성리학의 제1의 명제인 '사단칠정론(四端七情論)'에 상응하는 담론이기도 합니다.

특히 '팔식구식론'은 대승불교의 교과서라 할 수 있는 『대승기신론』, 구역 유식의 소의경론인 『섭대승론』, 붓다의 깨달음의 세계를 온갖 꽃으로 장엄 수식하고 있는 『화엄경』, 신역 유식의 소의경론인 『성유식론』 등에 근거한 담론이지요. 이들 텍스트는 모두 '인식(識)' 과 '마음(心)'의 긴장과 탄력 위에서 불교인식론의 스펙트럼을 형성하고 있습니다.

일심을 아뢰야식 내지 여래장이라고 볼 때, 한 마음의 맑고 깨끗한 측면(眞如門)과 번뇌에 때 묻은 측면(生滅門)의 두 구도 속에서 설명해내느냐, 아니면 이 구도 바깥에 별도로 제9식을 세워서 해명해내느냐의 문제입니다. 구식론은 '나는 한 소식 했어' 또는 '나는 다 알아' 등의 스스로 잘났다는 생각(自高之心)을 가진 이들에게 '너는 아직 범부의 의식을 깨달았을 뿐 붓다의 경계를 체험한 것이 아니야'라고 하여 붓다와 범부의 경계를 갈라서 설명하는 담론입니다.

팔식론은 '나는 안 돼' 또는 '내가 감히 어떻게 붓다가 되겠어'라는 등의 스스로 못났다는 생각(自屈之心)을 가진 이들에게 '붓다와 너는 똑같은 8식을 가진 존재야', '어떠한 인식의 전환을 통해서 깨달음을 얻게 되면 누구나 붓다가 될 수 있어'라고 수행을 촉구하기 위해 이뤄진 담론입니다.

이렇게 본다면 팔식론이 옳고 구식론이 그른 것도 아니고, 구식론이 맞고 팔식론이 틀린 것도 아닙니다. 해당 수행자의 근기(깜냥)에 따라 팔식론 혹은 구식론이 설해진다는 것이지요. 모두가 붓다의 선교방편(수기설법)의 전통 속에서 베풀어진 것이라 할 수 있습니다.

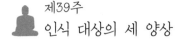

三_삼
類_류
境_경

가을이 중턱에 들어서자 온 산천이 울긋불긋해졌습니다. 단풍 전선
은 이미 북쪽에서부터 남쪽으로 달려가며 강을 건너고 있지요. 산만
물드는 것이 아니라 강물조차도 울긋불긋한 단풍 그림자로 훈습되어
있습니다.

하지만 강물은 흔적을 남기지 않고, 투명한 거울처럼 무상한 나뭇
잎의 그림자를 받아들일 뿐이지요. 온갖 허공과 하늘을 다 받아들이
는 강물의 이런 공능을 보면서 우리는 눈앞의 단풍나무를 어떻게 보
아야 할까요?

단풍나무는 물리적 대상으로 실재하는 것일까요, 아니면 내 의식
의 스크린에 던져진 피사체(그림자)에 지나지 않을까요? 그리고 내
의식의 필름에 던져진 단풍나무의 세 양상에 관해 어떻게 분석할 수

있을까요?

이러한 물음은 불교 유식학의 가장 뜨거운 명제라 할 수 있습니다. 흔히 '사분설'과 함께 '유식의 반학(半學)'이라고도 일컬어지는 '삼류경설'은 바로 이러한 뜨거움을 보여주는 주제입니다.

이 주장은 '단풍나무'를 있는 그대로 인식하거나(性境), 완전히 관념적인 존재로 인식하거나(獨影境), 실재하는 존재에 근거하여 이것에 뿌리를 두면서도 이것을 왜곡하여 인식하는 것(帶質境) 등의 세 가지 담론입니다. 즉 인식의 세 양상에 관한 분석이라고 할 수 있습니다.

이 담론은 현장(玄奘, 602~664)이 스승 계현(戒賢)으로부터 전수받은 것 또는 자신의 저작이라고 전해집니다. 다만 "성경은 마음을 따르지 않고(性境不隨心)/ 독영경은 오직 견분만을 따른다(獨影唯從見)/ 대질경은 심정과 본질에 통하니(帶質通情本)/ 성과 종과 등은 따라야 한다(性種等隨應)"는 5언 4구의 게송으로만 전해지고 있을 뿐이어서 좀 난해합니다.

삼류경설은 『성유식론』에는 없고 규기(窺基, 632~682)의 『성유식론장중추요(成唯識論掌中樞要)』와 혜소(慧沼)의 『성유식론요의등(成唯識論了義燈)』에 전해지고 있지요. 성경(性境)은 주관과 다른 종자에서 생겨 주관의 성질의 선악에 좌우되지 않습니다. 다만 존재 영역(界繫)을 달리하여 다섯 감각 기관에 비치어 오는 것을 다섯 의식이 대상으로 하여 인식하는 객관 세계(제8식의 상분)이지요. 독영경(獨影境)은 별도의 객관적 존재가 없이 주관이 단독으로 드러낸 환영처럼 눈병 난 사람의 앞에 보이는 토끼뿔 혹은 거북털(제6식의 對境)과 같은 것입니다. 즉 의식이 극미 등의 임시로 지어낸 존재를 대상으로 삼는 것을 말하지요.

대질경(帶質境)은 제7 말나식이 제8 아뢰야식(본질)의 견분을 연취(緣取)하여 '나(我)'라는 허망한 영상(집착)을 일으키는 것을 말합니다. 과거를 미루어 생각함과 같은 것이지요. 즉 밤중에 삼줄을 뱀으로 잘못 아는 것과 같이 본질은 있으나 그대로 영사(影寫)되지 않은 경계이지요.

이 논변은 신라의 태현(太賢, 680?~764?)에 의해서 구체화됩니다. 태현은 대상으로의 실재성(本質)을 갖춘 것인 성경, 대상은 대상이나 그 실재성을 소유하지 못한 것(幻覺)인 독영경, 이 두 성질을 함께 지니고 있는 대질경의 셋으로 유식의 존재와 인식의 담론을 세우지요.

이것은 사분설에서 제기된 견분과 상분의 동일성과 차이성의 문제를 해결하기 위해 성립된 이론입니다. 즉 종자의 동일성과 차이성의 논증에 잇따르는 견분과 상분의 삼성(善, 惡, 無記)을 어떻게 분별하는가, 또는 삼계(三界)의 존재 영역(繫屬)을 어떻게 분별해야 하는가 등과 같은 복잡한 문제를 해명하기 위해 제기된 담론이지요.

견분 종자와 상분 종자의 동이(同異) 등 이들 관계 사이의 미세하고 번쇄한 법상(法相)을 통일적으로 설명하고 일정한 원칙을 수립하기 위해 제창된 것이라 할 수 있습니다. 하여 상분 종자가 견분 종자를 따른다는 동종(同種)의 담론과 상분 종자가 견분 종자를 따르지 않는다는 이종(異種)의 담론은 상분 종자를 따르지 않는다는 성경과 상분 종자가 견분 종자를 따른다는 독영경과 대질경을 설정하기에 이르렀지요.

오직 견분만을 따르는 독영경과 모든 참다운 존재의 몸체인 성경과 그 중간적 존재인 대질경의 구도 속에서 의식의 사분(四分)과 견분 상분 종자의 삼성(三性)을 해명하여 불교인식론의 새로운 지평을 열었다는 점에서 사상사적 의미가 있습니다.

제40주
의식 작용의 네 갈래

四 사
分 분

온 산이 붉게 물든 늦가을입니다. 우리 눈 속으로 가을산이 가득 차오지요. 이때 우리는 내 안구의 망막에 비친 가을산의 영상을 내 시신경을 통하여 뇌가 감각한다고 이해합니다.

그런데 우리가 취한 가을산에 대한 내용과 가을산 그 자체는 어떠한 대응관계가 있기는 해도 동일할 수는 없지요. 헌데 우리가 이 둘이 일치해 있다고 여기는 것은 이들이 마음과는 다른 물건의 모습을 감득하는 의식 작용의 구조로부터 비롯된 문제입니다.

우리 마음이 가을산을 어떻게 감각할 수 있는지는 알 수 없습니다. 다만 우리가 외부세계의 가을산 그 자체를 보고 있다고 생각한다는 것은 사실입니다. 불교 유식에서 무엇을 '보고 있다'는 것은 '안근 (眼根)이라는 감각기관에 의해서'라고 말할 수 있지요. 동시에 마음과 다르지 않은 안식(眼識)이 실제로 스스로의 식 자신을 대상으로 하여 그것을 지각한다고 생각합니다.

즉 마음이 보고 있는 것은 그 당체인 마음이 드러낸 것이라는 것이지요. 다시 말해서 안식의 대상은 안식이 드러낸 가을산이라는 것입니다. 이렇게 본다면 우리 망막에 비친 가을산은 안식과는 무관하게 존재하는 것이 아니라 내 마음이 만들어낸 가을산이며 우리는 그 산을 보고 있다는 것이지요.

오직 의식이 만들어낸 가을산만이 존재할 뿐(唯識) 의식과 분리된 객관적 대상으로서의 가을산은 존재하지 않습니다(無境). 해서 '내 마음'이 '내 마음이 만들어낸 가을산'을 본다고 말하는 것입니다. 이것이 곧 존재를 인식으로 환원하는 유식의 주요 담론이지요.

또 유식에선 이 마음(식) 속에는 반드시 두 갈래(二分)가 있다고 말합니다. 즉 의식 속에서의 주체의 면인 견분(能緣)과 대상의 면인 상분(所緣)으로 설명되는 난타(難陀)의 이분설은 가장 기본적인 심분설(心分說)이지요. 우리가 말하는 '식'이란 이 마음 작용의 두 갈래 가운데 어느 한쪽에 붙들릴 때를 일컫는 것입니다.

우리는 바깥에 있는 사물의 세계에 근거하여 그 사물이 세계에 대응하는 안식 속의 영상(影像)을 안식(見分)이 인식한다고 생각하지요. 그런데 안혜(安慧)는 난타의 상분과 견분은 허망한 것이며, 이들을 검증하는 자증분(自證分, 自體分)만이 진실한 것이라는 일분설(사실은 삼분설)을 제시합니다.

이에 대해 호법(護法, 531~561)은 우리의 의식 작용을 우리 마음에 던져진 객관 사물의 그림자인 상분(相分), 마음이 일어날 때에 상분을 변현하는 동시에 그것을 인식하는 작용인 견분, 인식 주관인 견분의 활동을 깨달아 아는(점검) 의식 작용인 자증분, 다시 자증분의 활동을 깨달아 아는 의식 작용인 증자증분(證自證分)의 4분설을 제시합니다.

그런데 호법설을 계승한 규기(窺基, 632~682)는 견분과 상분의 종자가 '같기도 하고 다르기도 하다(或同或異)'고 주장합니다.

신라의 태현은 규기의 설에 대해 "같은 종자(同種)일 경우에는 한 식의 몸체가 상분과 견분의 2분으로 전사(轉似)해서 생기하지만 한 마리의 달팽이(蝸牛)에서 돋아난 두 뿔과 같다"라고 합니다. 또 태현은 "다른 종자(別種)일 경우에는 몸체가 견분으로 전사하고 상분의 종자로도 전사하며 또한 상분과 유사하게 생기하고, 저것과는 유사해서 실체가 아니기 때문이며, 상분은 마음의 분별로 말미암아 생기하기 때문에 때로는 동종이지만 때로는 별종이다"라는 호법의 설을 정의로 받아들입니다.

태현은 3류경설을 분별하여 유식의 이치를 밝히지만 식 안의 상분과 견분은 부정(遮遣)하지 않지요. 만일 식 안의 상분과 견분을 부정(遮遣)한 것이라면 진실로 속제의 공을 인정하는 것이 되고, 식 안의 속제를 인정하면 이는 청변(淸辯)이 말하는 '모든 존재는 다 실체가 아니다(一切皆空)'는 사상과 같기 때문입니다. 하여 유식종에서는 비록 유식일지라도 상분과 견분 2분이 실재한다고 해서 이것을 정의로 하지만, 다른 상분(他相分)에 의지하는 것을 배제하고 식의 몸체(識體) 귀속한다는 것은 옳지 않은 뜻(不正義)이라 말합니다.

호법설에 근거한 사분설은 자은(법상)종의 '안·난·진·호 1·2·3·4'라는 술어처럼 우리의 인식 과정의 분기(分岐)에 관한 깊은 사유의 산물이라 할 수 있지요.

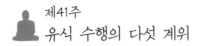

제41주
유식 수행의 다섯 계위

唯유
識식
五오
位위

성철 조계종 전 종정은 공부를 게을리하는 수행자에게 "이 밥 도둑놈
아! 밥값 내놓아라"라고 했습니다. 혜암 조계종 전 종정은 제자들에
게 "공부하다가 죽어버려라"라고 했지요.

법전 조계종 전 종정은 "나의 평생 도반은 천장과 벽과 방바닥이
다"라고 했습니다. 이 모두가 불교 수행자(출/재가)는 권력(교단 소
임)이나 명예(각종 타이틀) 등 딴 생각은 하지 말고 공부하라는 것이
지요.

'몸과 마음의 단련'인 공부는 결국 자기와의 싸움인 '수행'의 다른
표현입니다. 불교는 붓다의 깨달음의 실제를 이론화한 것이기 때문
에 어느 분야를 막론하고 모두 수행의 체계를 지니고 있습니다.

대승 이전의 불교는 『아함경』과 『대법론(무착의 대승아비달마집

론; 안혜의 『대승아비달마잡집론』)』 등의 경론에 잘 드러나 있습니다. 대승인 반야 중관학이나 유가 유식학 모두 수행에 대한 정치한 담론을 지니고 있지요.

많은 저술 가운데에서도 요가 수행의 실제를 이론화한 저술은 『유가사지론』이고 이 논서로부터 유식의 소의경전인 『해심밀경』이 분기했습니다. 이 때문에 '대승 아비달마'로도 일컬어지는 유가행 유식에는 수행에 대한 정치한 담론이 형성되어 있지요.

보살이 보리심을 일으켜 수행의 공을 쌓아 불과(佛果)에 이르기까지의 52단계를 흔히 '보살계위'라 합니다. 『보살영락본업경』에는 이 52위설이 가장 잘 정비되어 있습니다. 종래에는 십주설만으로 보살의 모든 계위를 나타내었지만 후대에 와서 십주(十住/解)는 십지 이전(地前)인 십주-십행(十行)-십회향(十廻向)위의 성자인 삼현(三賢)의 첫 계위에 해당하는 것으로 바뀌었지요. 이 경에는 십신(十信)-십주(十住)-십행(十行)-십회향(十過向)-십지(十地)-등각(等覺)-묘각(妙覺)의 52계위로 시설되어 있습니다.

그런데 이 52위는 각 교학에서 법수를 달리하여 설명됩니다. 즉 십신은 '진리에 대한 확신'으로서 보살에겐 이미 전제되어 있으므로 화엄은 42계위로 설명하고, 유식은 등각과 묘각을 불위(佛位)로 통합하여 41계위로 해명하지요. 유식 수행은 보살이 닦아야 하는 수행의 과정을 다섯 단계로 설명한 것입니다.

먼저 깨달으려는 마음을 일으킨 수행자는 길고 긴 수행의 길 위에서 자신을 유지시켜줄 '복덕'과 '지혜'라는 양식을 저장하는 자량위(資糧位)를 닦아야 합니다. 이 양식은 37보리분법으로부터 6바라밀을 닦는 과정에서 저장됩니다.

'수행의 출발'인 자량위를 거친 뒤 다시 지금까지의 수행에 수행을 더하여 진여를 체험적으로 증득하려는 가행위(加行位)를 닦아야 하지요. '수행의 심화'인 가행위는 유식관(唯識觀)이라는 지관행(止觀行)을 닦는 것입니다. 이렇게 유식관을 수행하게 되면 마침내 진리를 체험적으로 증득하는 통달위(通達位)로 나아가지요.

'지혜의 시작'인 통달위는 근본지(무분별지)를 일으켜 얻어 유식의 진실한 성격을 깨달아 들어가고, 그 뒤 후득지를 일으키어 유식의 참모습을 깨달아 들어가 실재(성격)와 현상(모습)의 진실에 통달하는 것입니다. 하지만 세계의 진실을 깨달았더라도 무시이래의 무명과 번뇌의 습기를 아직 끊지 못하였기에 다시 무분별지를 거듭 닦아 마음을 정화해나가는 '수습위(修習位)'를 닦아야 하지요. '지혜의 닦음'인 수습위는 보살십지이며 이 십지의 위계에 올라가면 수행하는 만큼 이타(利他)의 활동이 자연스럽게 이루어지게 됩니다.

그런 뒤에 자리와 이타를 원만히 이루는 구경위(究境位)를 성취하게 되는 것입니다. '수행의 완성'인 구경위는 이전의 원인이었던 4위에 대한 대보리와 대열반으로서의 붓다라는 결과의 계위입니다.

그런데 유식에서는 3아승기에 걸쳐 닦아야만 이 5위 수행이 완성된다고 합니다. 즉 견도인 통달위 직전까지, 그 이후 제7지까지, 제8

지로부터 불과에 이르기까지 각기 1아승기의 시간이 필요하다는 것이지요. 이것은 제7지로부터 제8지로 향하는 시기에 하나의 중대한 고비가 있음을 말해주는 것입니다.

즉 진여를 증득하지 않으면 아무것도 시작되지 않는다는 것과 완전히 자재로운 이타 활동의 실현이 불교의 궁극적 목표라는 것을 동시에 보여주는 것입니다. 이러한 시간관념 설정은 한순간도 수행에 소홀해선 안 된다는 것을 역설하는 것입니다.

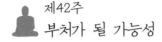

제42주
부처가 될 가능성

佛 불
性 성

이 세상 어느 것이라도 의미 없이 존재하는 것은 없습니다. 내 눈가에 잠깐 스쳐 지나가는 바람이든, 내 발에 차이는 돌부리이든, 내 발바닥에서 밟혀 죽어가는 개미이든 말입니다. 그것이 유기체이든 무기체이든 모두 다 저마다의 '개성'과 불성'을 지니고 있습니다.

이때의 '개성'은 그 존재가 오랫동안 지녀온 고유성입니다. 그리고 '불성'은 모든 존재들이 두루 지니고 있는 보편성입니다. 뭇 존재들에겐 이러한 고유성과 보편성이 내재되어 있지요. 이 고유성과 보편성이 만나는 지평을 『열반경』에서는 "살아 있는 것들은 모두 불성을 지니고 있다(一切衆生 悉有佛性)"는 말로 표현하고 있습니다. 여기서 '살아 있는 것들'이란 목숨을 가지고 있는 것에만 한정되지 않습니다.

오히려 우리가 규정하는 것과 같은 '목숨을 가지고 있지 못한 것'

에까지 확장된다고 할 수 있지요. '살아 있는 것들'(衆生)이란 '부처가 될 바탕', 즉 '불성을 지닌 존재'를 말합니다. 즉 '여래의 성품' 혹은 '부처가 될 원인'을 머금고 있는 존재이지요.

경론에서는 생명(중생)을 크게 유정(有情)과 무정(無情)으로 나누어 설명합니다. 『금강경』에서는 이들 중생의 출생 방식을 네 가지로 나누고 있습니다. 즉 '태에서 태어나는 태생', '알에서 태어나는 난생', '물이 고인 습한 곳에서 태어나는 습생', '천상이나 허공이나 일정한 방식에 의탁하지 않고 어떠한 변화에 의해 태어나는 화생'의 네 가지 범주로 나눕니다.

이 중에서 윤회할 수 있는 존재는 태생과 난생이라고 합니다. 이들은 피를 지니고 있으며 이 '피'는 '느낌'이자 '불성'의 다른 표현이기 때문이지요. 유정에서의 '정'은 인식, 사유, 판단 능력을 총칭합니다. 그렇다면 번식(생장) 능력인 생명 현상은 있지만 정신 작용은 없다고 보는 식물이나 생명 현상이 없는 광물에는 인식, 사유, 판단 능력들이 있을까요?

『아함경』에서는 "인연 없는 중생은 구제할 수 없다"라고 하여 어느 부분을 '제한하고'(少分) 있습니다. 하지만 대승 경론에 가면 선근을 다 끊어버린 일천제(一闡提)조차도 언젠가는 선근을 회복하여 성불할 수 있다고 하여 구제의 가능성을 '열어두고'(皆有, 悉有) 있습니다. 심지어는 법신의 입장에서 초목이나 담장, 벽, 기와, 돌(牆壁瓦石)조차도 불성이 있으며, 또한 언젠가는 성불의 인연을 회복하여 부처가 될 수 있다고 했습니다. 이렇게 본다면 『열반경』의 경설은 해당 존재의 끊임없는 변화 가능성까지 열어둔 대단히 역동적인 사고방식이라 할 수 있지요.

인도에서는 불성 대신에 여래장(如來藏)이란 말을 써왔습니다. 여래장이란 '여래의 태아'라는 뜻입니다. 우리가 널리 읽고 있는 담무참(曇無讖) 번역의 『열반경』(40권)에는 '여래의 비밀스러운 법장(如來秘密法藏)'이라고 되어 있습니다. 세존께서 모든 중생에게는 여래의 본성(如來藏)이나 부처의 본성(佛性)이 있다고 설하였다는 것이지요. '장(藏)' 혹은 '태(胎)'는 '태아를 담는 그릇(胎藏)'인 어머니의 자궁을 말합니다.

『대방등여래장경』은 '모든 중생이 여래를 담고 있는 그릇'으로서의 여래장을 잘 드러내고 있다고 설하지요. 이에 따르면 중생이 그릇이고 그 안에 담긴 것이 여래가 됩니다. 즉 중생이 여래를 통섭하고 있는 것(所攝藏, 중생여래)이지요. 하지만 "여래의 법신은 우주와 같이 크다"(能攝藏, 여래중생)는 『화엄경』 등의 맥락을 생각해보면 오히려 『불성론』에서처럼 "중생이 여래에 깃들어(住) 있다"는 것으로 볼 수도 있습니다.

또 태 안에 숨어 있는 여래(隱覆藏, 중생-여래)는 좀처럼 나타나지 않는다 하지요. 이 때문에 '여래장'이란 개념의 영토는 중국으로 오면서 인성론(人性論)에 입각해 새롭게 해석한 광대한 '불성'의 영토에 묻혀버렸습니다. 여래장의 영토가 완전히 없어진 것은 아니지만 불성이란 영토가 보다 절대적이었다는 것이지요. 인도에서 널리 사용되어온 '윤회'라는 말이 중국에서는 '생사'라는 말로 전이되는 것과 같은 의미입니다.

우리는 이들 용어를 통해서 인도적 사유와 중국적 사유가 머금고 있는 '결'을 밝혀낼 수 있습니다. 이러한 예는 인도에서 성립되어 중국에서 번역된(?)『대승기신론』을 능소(能所), 체용(體用), 성상(性相)의 기호 중 어느 것을 취해 읽을 것인가에서 잘 드러납니다. 이들 기호는 각기 인도·중국·한국적 사유의 결을 머금고 있기 때문이지요.

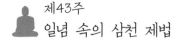

一念三千
일념삼천

프랑스의 대예언가 노스트라다무스는 1999년 7월, 하늘에서 악마의
제왕이 내려와 지구는 멸망할 것이라 예언했습니다. 종래 그의 적중
률은 99.9%에 이르렀기에 많은 사람들이 그의 말을 믿고 겁을 먹었
지요. 더욱이 새 천년의 전환기에 '컴퓨터의 인식불능'(y2k)이라는 대
혼란이 벌어질 것이라 하여 그의 예언이 사람들의 마음을 더욱 뒤숭
숭하게 하였습니다.

그런데 어찌 되었습니까? 2016년 오늘까지 지구는 그대로 존속하
고 있습니다. 그렇다면 노스트라다무스는 왜 이런 오류를 범하였을
까요? 문제는 그의 시간 인식에 있었던 것입니다. 그는 서양의 직선
적 시간관 위에서 '의식 내적 존재'이자 '언어적 존재'인 시간을 우리
의 의식 바깥에 설정했던 것이지요.

즉, 그는 우리의 의식 바깥 어느 지점에다 '태초'를 설정했기에 그에게는 '종말'이 있을 수밖에 없었습니다. 시간은 본디 무시무종(無始無終)입니다. 이 때문에 시간은 우리 의식 속에서 얼마든지 축소와 확장이 가능합니다. 하지만 그는 마음속의 삼천제법(一念三千)을 이해하지 못했던 것이지요.

시간은 '시(時)의 간(間)', 즉 흐름(時)과 흐름(時)의 사이를 일컫습니다. 여기서 '사이'는 어떠한 공간과 공간의 틈새를 전제로 하는 말이지요. 그래서 시간은 공간의 틈새의 반복, 즉 어떠한 경계와 경계 사이에서 인식됩니다. 왜냐하면 시간은 물리적 존재가 아니라 의식 내적 존재이기 때문이지요. 이처럼 시간은 '흐름'을 그 속성으로 지닙니다.

물이 흐르듯 우리는 어떠한 물체의 공간적 변화를 통해 시간을 인식하지요. 그러나 시간은 물리적 이동의 전제 없이도 느낄 수 있습니다. 시간은 언어적 존재이며, 모든 존재는 시간적 존재이기 때문입니다. 여기에 시간의 이중적 함의가 있습니다.

그렇다면 과거 현재 미래의 삼세의 경계는 어느 지점에서 분기될까요? 여기 하나의 직선이 있다고 합시다. 그런데 삼세는 직선과 무관하게 이 직선 위에 설정되어 있는 것이 아닙니다. 과현미 삼세는 우리가 어느 지점에 점을 찍는 순간에 생겨납니다. 이처럼 아직 오지 않은 현상인 미래와 이미 지나가 버린 현상인 과거 사이에 현재는 자리하는 것입니다. 이 때문에 그 현재는 실체가 아닙니다. 현재의 시간은 오직 우리의 작위 속에 있을 뿐이지요.

불교의 시간관은 심리적 시간관을 지향합니다. '모든 것은 변화한다(諸行無常)'는 명제는 물리적이고 가시적인 사실을 심리적이고 인식적인 사실로 환원하려는 경향이 있지요. 그리고 이 명제 위에서 다시 '모든 것에는 나라고 할 만한 것이 없다(諸法無我)'는 명제가 생겨납니다.

이처럼 모든 물리적 존재의 실체가 부정됨으로써 가시적 존재는 실체가 없는 어떠한 현상으로 환원되는 것이지요. 이것은 삼세를 동시에 바라보는 관점, 즉 과거 속에는 이미 현재의 원인이 들어 있고 현재 속에는 이미 미래의 원인이 내재해 있다고 보는 것입니다.

우리들 일상의 '일념(一念) 속에는 삼천(三千)의 제법(諸法)이 내포되어 있다'는 명제는 천태학의 근본교의입니다. 이는 현실적 인간이 일상적으로 일으키는 순간순간의 마음에 3천의 수로 표현되는 일체 모습이 완전히 갖춰지고 있다는 것이지요.

여기서 일념이란 75분의 1초에 해당하는 극히 짧은 시간을 말합니다. 그리고 삼천이란 지옥 – 아귀 – 축생 – 수라 – 인간 – 천상의 미혹의 세계와 성문 – 연각 – 보살 – 불의 깨침의 세계를 총괄한 화엄의 10계(界)가 각각 10계를 갖추어 100계가 되고, 각 세계마다 모두 법화의 상(相) – 성(性) – 체(體) – 역(力) – 작(作) – 인(因) – 연(緣) – 과(果) – 보(報) – 본말구경(本末究竟)의 10여시(如是)의 뜻이 있으므로 천과 같이 되고(千如), 다시 『대지도론』에서 말하는 기(器)세간과 중생(衆生)세간과 지정각(智正覺)세간의 3세간을 곱하여 이루어지는 3천 세간을 말합니다.

이 3천의 제법 가운데 1법을 들면 반드시 3천의 제법을 갖추게 되지요. 가장 관찰하기 쉬운 자기의 망심을 취하여 처음 공부하는 행자에게 보여줌으로써 일념과 삼천의 걸림 없음을 드러내줍니다.

그 때문에 일념삼천은 우리 일상의 한순간이 무한의 세계를 머금고 있고 그 무한의 세계는 한순간 속에 들어 있다는 것이지요. 즉 일념의 찰나가 곧 무궁의 세계요, 무궁의 세계가 곧 일념의 찰나인 것입니다.

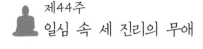

제44주
일심 속 세 진리의 무애

三_삼
諦_제
圓_원
融_융

우리의 삶은 시간과 공간, 위도와 경도, 씨줄과 날줄의 종합으로 이루어집니다. 이 '가로(씨)'와 '세로(날)'는 다시 이치(理)와 정의(情), 원리(理)와 사태(事), 무진(無盡)과 중중(重重)의 축으로 변주되지요. 불교의 교학과 수행에서도 가로는 실천(원리)의 입장을, 세로는 이론(차별)의 입장을 취합니다.

현상 세계를 원리(절대)의 입장에서 차별을 볼 것이냐, 차별(상대)의 입장에서 원리를 볼 것이냐로 설명됩니다. 만상의 낱낱 당체에 나아가서 보면 모두 차별적이고 상대적이지요. 하지만 이것을 본원의 한 이치로 돌려서 보면 절대적이고 일미(一味) 평등(平等)한 것입니다.

진리와 언어의 관계도 마찬가지입니다. 언어는 진리를 왜곡합니다. 하지만 언어를 떠난 진리는 우리의 삶과 무관합니다. 중생이 있어야 부처가 있듯이 말이지요. 붓다는 생사(윤회)를 넘어섰기에 자유자재하게 생할 수도 있고 멸할 수도 있습니다.

만일 가로와 세로, 부처와 중생의 구도가 평행선처럼 달리기만 한다면 이 설정은 의미가 없겠지요.

천태학에서 일념삼천(一念三千)이 세계관이라면, 삼제원융(一心三觀)은 수행법이 됩니다. 이론은 공간(세로) 속에서 건립되고 실천은 시간(가로) 속에서 전개되는 것이지요.

천태 지자(智者, 538~597)는 우주의 참모습을 공(空)-가(假)-중(中)의 세 가지 도리(諦)로 파악했습니다. 진실하고 허망하지 않은 '도리'는 우주의 실상을 적나라하게 보여주지요.

공제(空諦)는 온갖 법은 모두 인연으로 생긴 것이어서 그 어느 것도 실체와 자성이 있지 않기에 '공'이며, 진실한 도리이기에 '제'라고 합니다.

가제(假諦)는 삼라만상은 모두 자성이 없고 자체도 없어 어느 한 물건도 실재한 것이 없으므로 만유의 차별의 모습, 즉 조리에 맞아 사리가 정연한 현상을 말하지요.

중제(中諦)는 유와 공, 공과 가의 두 변으로 나아가지도 않고(不卽) 떠나지도 않는(不離) 중정(中正) 절대의 이치를 말합니다.

이러한 공과 가와 중은 공간적으로는 서로 독립하여 다른 것과는 관계가 없습니다. 하지만 시간적으로는 세 도리를 증득하는 수행을 하여 공제의 이치를 증득한 뒤에 가제의 이치를 증득하고, 다시 중제의 이치를 증득하는 것을 격력(隔歷, 隔歷不融)의 삼제라 합니다. 삼제가 각기 고립되고 치우쳐서 서로 막혀 융합하지 못한다는 것이지요.

즉 우주의 본체인 진여는 공과 유의 두 면을 넘어선 중도이고, 만법은 가의 존재이므로 가제입니다. 따라서 현상은 실체가 없는 것이기에 공제입니다. 이때 공제와 가제 또는 공제와 가제와 중제는 서로 다른 도리이므로 일치하지 않고 서로 막혀 있다는 뜻에서 천태의 4교 중 별교에서는 이렇게 주장하지요.

원융(圓融, 不從不橫)의 삼제는 세 도리 사이를 원만하게 융합시켜 보려는 관점입니다. 즉 공제의 이치를 만물이 공하다는 한 편만 알고 불공의 이치는 알지 못하는 단공(但空), 단공(單空), 편공(偏空)으로 보지 않는 것이지요.

즉 공도 가와 중을 여의지 않고, 중도 공과 가를 여의지 아니하여, 셋과 하나가 원만하게 융합하여 하나도 아니고 셋도 아니며, 하나이기도 하고 셋이기도 하여 상즉(相卽) 무애함을 말합니다. 차제가 없다고 해서 불차제(不次第) 삼제라고 하고, 종횡이 없다고 하여 부종불횡(不縱不橫) 삼제라고도 하지요. 이는 공제라 하여도 가와 중을 여읜 단공이 아니고 삼제가 상즉한 공이므로 부정(破)과 긍정(立)과 절대(中)의 세 뜻을 포함합니다.

이때 공에는 유의 사상을 부정하는 파유(破有)의 뜻도 있고, 공한 사상을 그대로 긍정하는 입공(立空)의 뜻도 있지요. 이 공에는 단지 부정만 하거나(單破) 단지 긍정만 하는(單立) 것이 아니고, 긍정을 함께한 부정 내지 부정을 함께한 긍정(非破非立)과 부정하기도 하고 긍정하기도 하는(亦破立) 부정(破)과 긍정(立) 절대의 공(中)인 의미가 있습니다.

해서 공제에서 삼제를 원만히 갖춤을 즉공(卽空), 가제에서 세 가지 뜻을 원만히 갖추어 가제 그대로 공가중의 삼제인 것을 즉가(卽假), 중제가 그 당체에서 삼제의 뜻을 원만히 갖춘 것을 즉공(卽空)이라 하지요. 이처럼 천태 주요 담론인 삼제원융은 시간과 공간, 실천과 이론의 무애 자재를 말합니다.

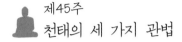

三_삼
種_종
止_지
觀_관

양의 동서를 막론하고 '수행'은 우리 시대의 주요 담론입니다. 몸과
마음을 하나로 파악하려는 노력이지요. 이러한 흐름은 종래 몸과 마
음을 둘로 이해해 오면서 많은 문제점이 있어 왔다는 징표이기도 합
니다. 여러 종교와 사상의 역사를 더듬어보면 수행은 '수양' 내지 '공
부'의 기호로 다양하게 정리되어 왔지요.

　고대 인더스 문명의 도시에서 출토된 요가 명상하는 토용(土俑, 土
偶) 등은 수행의 전통을 잘 보여줍니다. 또 중국에서는 '본성이 곧 이
치(性卽理)'임을 강조하는 주자학과 '마음이 곧 이치(心卽理)'임을 역설
하는 양명학은 각기 정좌(靜坐)와 정정(定靜) 내지 거경궁리(居敬窮理)
와 치양지(致良知) 등의 공부방법론을 세웠지요.

　도교 역시 양생(養生), 내단(內鍛) 등의 심신단련법을 정립해왔습

니다. 이처럼 몸과 마음을 일치시키려는 '수행' 문화는 인류 문명이 탄생되면서부터 비롯되었다고 볼 수 있습니다.

불교의 전통에서 선(禪)은 수행의 대명사입니다. 선법(禪法) 내지 선관(禪觀)이라고도 불리는 선은 '관법(觀法)' 즉 '인연으로 생겨난 일체를 관찰하는 방법'으로 이해되고 있지요. 남방과 북방 불교사에서 전개된 '선'을 수행법의 틀로서 분류해보면 크게 여섯 가지로 변별됩니다.

첫째는 옛사람의 공안을 들고 화두 일념으로 수행에 몰입하여 의단(疑團)을 타파해가는 간화선(看話禪)입니다. 둘째는 일체의 진리가 본래 완성돼 있다(本證自覺)는 원칙에 입각해 다만 좌선만 하면(只管打坐) 깨달음이 나타나는(現成公案) 묵조선(默照禪)입니다. 셋째는 선과 염불이 하나라는 전제 위에서 염불을 끊임없이 해나가되 마침내는 자성염불이 되어 일념-무념에 이르면 '염불하는 자가 누구인가(念佛考是誰)'라는 화두가 저절로 생기고, 결국 법신(法身)이 드러나 본래면목을 회복하는 (정토)염불선(안팎의 소리에 집중하는 능엄선도 이 계통)입니다. 넷째는 고요하게(靜的) 마음을 거두어 망념을 쉬고 한곳에 집중하여(止) 활발하게(動的) 지혜를 내어 관조하여 진여에 계합하는(觀) 천태(지관)선입니다.

다섯째는 『안반수의경』에 의거하여 들이쉬는 숨과 내쉬는 숨을 관찰하는 호흡관에 바탕을 둔 수행법인 호흡선(아나빠나사띠)입니다. 여섯째는 『대념처경』에 근거하여 몸(身)-느낌(受)-마음(心)-

생각의 대상(法) 등 온갖 대상의 변화를 관찰하면서 일체의 속박으로 부터 벗어나 몸과 마음의 자유를 체득하는 통찰선(위빠사나)입니다. 이 중에서도 사마타와 위빠사나는 현재 남방의 스리랑카, 미얀마, 태국 등에서 실행되는 수행법이지요.

이 수행법은 이미 6세기 후반에 북방의 중국에서 새롭게 해석되었습니다. 그것이 바로 천태의 지관수행이지요. 천태선은 '지관(止觀)', 이 한마디로 다 설명됩니다. 마명은 그의 『대승기신론』에서 모든 경계의 모습을 그치는 것을 '지'(奢摩他觀)라 하고, 인연으로 나고 사라지는 모습을 분별함을 '관'(毘鉢舍那觀)이라 하지요. 혜원은 그의 『지관사의(止觀捨義)』에서 '일체 법에 대해 그릇된 생각을 일으키지 않는 것을 '지(止)'라 하고, 언어를 떠난 자성인 제일의(第一義)를 알고 헬 수 없는 법인 세제(世諦)를 아는 것을 '관(觀)'이라고 합니다.

천태 지의는 이 지관을 점차지관, 부정지관, 원돈지관의 세 가지 관법으로 건립했지요. 즉 사다리에 올라가는 것처럼 낮은 데에서 높은 데에 이르러 마침내 실상의 관법에 도달하는 점차지관, 근기나 부류에 의하여 깊고 얕음이 서로 앞서기도 하고 뒤서기도 하여 관법에 일정함이 있지 않은 부정지관, 처음부터 바로 실상을 반연하여 이해와 실행이 모두 곧바른(頓速) 원돈지관이 있습니다.

『차제법문(釋禪波羅蜜次第法門)』에서는 점차지관을, 『육묘법문』에서는 부정지관을, 『마하지관』과 『법화현의』에서는 원돈지관을 설하고 있습니다.

이러한 수행법은 이미 북방에서는 오래전에 수용되어 자기화되어 왔지요. 그러므로 정치의 동서, 경제의 남북이 하나가 되는 요즈음 우리의 수행 과제는 전국에 퍼지는 호흡선(아나빠나사띠)과 통찰선 (위빠사나)을 천태지관과의 대비를 통해 남북방 불교인들의 수행관 의 같고 다른 점을 살피는 것일 겁니다.

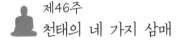

제46주
천태의 네 가지 삼매

四種三昧
四^사種^종三^삼昧^매

한 해가 얼마 남지 않았습니다. 이제 우리의 공부도 종반으로 치닫고 있지요. 우리가 한 해 동안 뿌린 업종자는 어떠했습니까? 기대에 못 미치는 성취를 얻은 이들은 모두 옷깃을 세우고 종종걸음을 걷고 있습니다. 주위는 온통 성과(업적), 상여금, 송년회, 선거 따위의 이야기로 가득합니다.

　그런데 이것들이 왜 남의 이야기로 들릴까요? 아마도 우리의 마음이 춥기 때문일 것입니다. 이렇다 보니 정말로 우리를 대신할 믿음직스러운 후보가 있는지, 그리고 어떠한 희망이 있기라도 한 건지 등의 생각으로 마음이 '착잡(錯雜)'하지요. 그렇다면 '뒤섞여 복잡한' 우리의 마음을 어떻게 해야 다잡을 수 있을까요?

　'마음이 한곳에 머물러 산란하지 않고 안정을 유지한 상태' 내지

'마음을 바르게 하여 망념에서 벗어나는 것'을 삼매라 합니다. 이 삼매는 '삼마제(三摩提, 三摩帝)', '삼마지(三摩地)'로 음역되었고, 정(定)·등지(等待)·정수(正受)·조직정(調直定)·정심행처(正心行處)라고 번역되었지요.

원효는 그의 역저 『금강삼매경론』에서 삼매에 대해 여덟 가지로 정리하고 있습니다. 첫째는 삼마희다(三摩呬多, 等引)이니 혼침과 도거의 편벽됨을 멀리 떠났기 때문에 '등'이라고 하고, 신통력 등의 여러 가지 공덕을 끌어냈기 때문에 '인'이라 하며, 삼마지의 즐거움을 이끌어내는 무회(無悔)환희(歡喜)와 안락(安樂)이 이끄는 것이기 때문에 등인이라고 한다고 했지요. 둘째는 삼마지(三摩地, 等持)이니 마음을 잘 제어하고 간직하여 치달리거나 흐트러지지 않게 하는 것이며 또한 정과 혜가 평등하여 서로 떨어지지 않는 것이라 합니다. 셋째는 삼마발제(三摩鉢提, 等至)이니 등지(等持)하는 가운데 수승한 지위에 이를 수 있는 것이라 하지요. 넷째는 타연나(馱演那, 靜慮)이니 고요하게 생각하는 것이며 또 산란한 생각을 고요하게 가라앉히는 것이라 합니다. 다섯째는 사마타(奢摩他, 止)이니 마음으로 하여금 경계를 그치게 하는 것이라 하지요. 여섯째는 심일경성(心一境性)이니 마음으로 하여금 경계에 오롯이 한결같이 하는 성품이라고 합니다. 일곱째는 정(定)이니 반연하는 대상을 살펴 정하는 것이라 하지요. 여덟째는 정사(正思)이니 정(定)에 있을 때에 반연하는 경계에 대하여 자세하고 바르게 생각하고 살피는(審正思察) 것이라 합니다.

천태 지의(538~597)는 삼매를 네 가지로 변별했습니다. 첫째는 상좌(常坐)삼매입니다. 일행(一行)삼매라고도 합니다. 90일을 기한하고 좌선 입정하여 피로할 때는 어떤 부처님 이름을 외워 나쁜 느낌(惡覺)과 어지러운 생각(亂想)을 없애고 마음을 법계에 머물러 사념하는 것이지요.

둘째는 상행(常行)삼매입니다. 불립(佛立) 혹은 반주(般舟)삼매라고도 하지요. 선정 가운데서 시방에 계신 부처님네가 수행자 앞에 나타나 섰음을 뜻하는 말입니다. 90일을 정해놓고 오로지 돌기만 하면서 쉬지 않고 아미타불의 이름을 부르며 마음으로 아미타불을 생각하는 것이지요.

셋째는 반행반좌(半行半坐)삼매입니다. 이것은 『방등경』이나 『법화경』 및 『방등삼매경』의 경설에 의해 걸어 다니면서 경문을 외우거나 편안히 앉아 조용히 생각하여 망념을 없애는 것입니다. 7일을 정해놓고 120바퀴를 돌고 나서 앉아 조용히 사유하는 것입니다. 혹은 서서 경전을 외우거나 앉아서 사유하기도 하지요.

넷째는 비행비좌(非行非坐)삼매입니다. 수자의(隨自意)삼매라고도 하지요. 기한을 물을 것도 없고 행(行)·주(住)·좌(坐)·와(臥)를 가릴 것도 없이 자신의 생각에 따라 늘 삼매에 드는 선정이지요. 지의는 이를 '모든 순간에 자신의 생각을 알아차려 삼매에 든다'는 뜻에서 '각의(覺意)삼매'라고 했습니다.

수행이 주요 화제가 되는 시대입니다. 일념삼천과 삼제원융에 상응하는 삼종지관과 사종삼매는 천태교학을 떠받치는 기둥이라 할 수 있지요. 삼매가 '마음을 한곳에 모아 안정을 유지하여 망념에서 벗어나는 것'이라고 할 때 이 네 가지 삼매는 보다 구체적인 수행법이 될 수 있습니다.

화두(話頭)·염불(念佛)·간경(看經) 삼매와 상응하는 '상좌', '상행', '반행반좌', '비행비좌'의 네 가지 삼매는 모두 일상 속에서 마음을 한곳에 모으는 수행으로 귀결됩니다. 그 때문에 삼매는 깨달음으로 가는 지름길이자 수행의 마지막 관문이라 점에서 주목되지요.

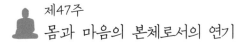

제47주
몸과 마음의 본체로서의 연기

法界緣起 법
계
연
기

우리는 지구라는 별 속에 살고 있습니다. 저 우주로부터 무수한 은하계를 지나 태양계 안에 자리한 별이지요. 그 별 속에는 다시 서양과 대비되는 동양 안에서의 한국과 그 속에 살고 있는 내게까지 또한 무수한 '거리'가 존재합니다. 그렇다면 나로부터 저 우주, 그리고 저 우주로부터 내게로 이르는 시간과 거리는 어떻게 인식될까요?

우리의 삶이 시간과 공간 위에서 이루어지듯이 불교 화엄은 무진(가로)과 중중(세로)의 축을 통해 시간과 공간, 위도와 경도, 씨줄(실천)과 날줄(이론)의 화회를 시도합니다. 횡진법계는 가로축을 중심으로 세로축을 보려는 것이고 수진법계는 세로축을 중심으로 가로축을 보려는 것이지요.

즉 의상은 원리(理, 眞如, 主理)를 중심으로 차별(事, 生滅, 主氣)을 보려고 했고, 법장은 차별(漸修)을 중심으로 원리(頓悟)를 보려고 했습니다. 하여 의상의 「법성게(法性偈)」의 주장처럼 겨우 존재하는 것으로서의 '나'(一, 一微)라는 작은 우주 안에는 저 광대한 우주(一切, 十方)가 들어 있고, 저 광대한 우주(多) 안에는 작은 점과도 같은 '나'(一)가 투영되어 있음을 알게 됩니다.

불교 화엄은 법계를 "일체 중생의 몸과 마음의 본체"(裴休)로 해명합니다. 이때 몸과 마음의 본체로서의 법계는 "본래부터 신령스럽게 밝아 막힌 데가 없으며 광대하여 텅 비고 고요한 유일한 참 경계"(배휴)이지요.

"모습이 없지만 대천세계를 펼쳐놓고, 가장자리가 없지만 온갖 존재를 머금고 있습니다." "마음과 눈 사이에 뚜렷하지만 모습을 취할 수 없고, 대상세계 안에서 빛을 발하지만 이치를 헤아릴 수 없지요." 그 때문에 "진리를 꿰뚫는 지혜의 눈(慧眼)과 망념을 여읜 밝은 지혜(明智)가 아니고서는 능히 자기 마음의 이 같은 영명한 신통을 보지 못한다"라고 합니다. 이렇게 몸과 마음의 본체에 입각하여 존재와 사물 사이의 관계를 인연 생기로 파악한 것을 '법계연기'라 하지요. 또 법계의 다함없는 연기(法界無盡緣起)라고도 합니다.

즉 우주의 모든 존재를 하나의 광대한 인연 생기(一大緣起)로 풀이한 것이지요. 법계의 모든 사물이 하늘과 땅만큼 떨어져 각기 존재하지만 그들 사이는 서로 원인과 결과의 관계 속에 있습니다.

어느 것 하나도 단독자로 존재하는 것은 없지요. 해서 중생과 부처, 번뇌와 보리, 생사와 열반 같은 이항대립이 사실은 모두 동등하게 존재한다는 것입니다.

이렇게 보면 번뇌가 곧 보리요, 생사가 곧 열반이어서 모든 존재는 원융무애하게 됩니다. 화엄학은 이것을 '부분이 곧 전체요(一卽一切)' '전체가 곧 부분이며(一切卽一)', 하나의 사물은 홀로 존재하는 하나가 아니요, 그 하나가 그대로 전 우주라고 합니다. 즉 한 사물을 인연 생기의 법으로 삼으면 이것은 곧 우주 성립의 몸체(體)며 힘줄(力)인 동시에 그 사물은 전 우주로 말미암아 성립됩니다. 이처럼 우주의 모든 존재는 각기 하나와 전체가 서로 말미암아서 존재하는 중중무진한 관계에 있지요.

법장은 '10층 1탑의 비유'를 통해 차별 속에서 원리를 보려고 합니다. 보살 10지를 예를 들어보지요. 법장은 10층의 제1탑을 부르면 '나는 환희지', '나는 이구지' 하면서 '제10 법운지'로 '올라가는'(重重, 竪盡) 법계로 설명합니다.

이는 법장이 자신의 역저인 『화엄일승교의분제장』(화엄오교장)에서 구축한 '육상원융'설, '(신)십현연기'설에서 잘 설명되지요. 법장은 우주 연기의 주체를 어떠한 한 사물에나 이체(理體)에만 국한하지 않고 낱낱 모든 존재의 당상(當相)에서 말하려고 합니다.

이와 달리 의상은 '여래성기'의 입장에서 무진(無盡)법계의 관점을 제시하지요. 의상은 '10층 10탑의 비유'를 들어 제1탑의 제1층을 부르면 '나는 환희지' 하고, 제2탑 내지 제10탑의 제1층 모두 '나도 환희지'

하며 복창해 '나아가는'(無盡, 橫盡)법계를 보여줍니다. 그야말로 연기의 극치인 성기의 구현이지요.

결국 법장이 이론 중심의 법계연기를 건립하려 했다면 의상은 실천 중심의 여래성기(眞性現起)를 실현하려 했지요. 이는 한중 화엄의 차별성이자 한국 화엄의 독자성입니다. 뒷날 균여는 의상의 횡진 법계와 법장의 수진 법계를 통섭하는 주측(周側) 법계관을 제창하게 됩니다.

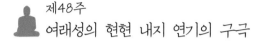

제48주
여래성의 현현 내지 연기의 구극

如 여
來 래
性 성
起 기

우리는 모든 존재를 두 가지 측면으로 받아들입니다. 즉 변하지 않는 측면(본질)과 변하는 측면(현상)이지요. 변하지 않는 측면은 눈에 보이지도 않고 손에 잡히지도 않지만, 변하는 측면은 눈에 보이기도 하고 손에 잡히기도 합니다.

본래부터 맑고 깨끗한 것은 가시적이지도 않고 물리적이지도 않지요. 하지만 어떠한 사태가 가시적이고 물리적이지 않게 되면 그것에 대해 믿거나 이해하지 못하는 것이 또한 중생들의 속성이기도 합니다.

만일 어떠한 사태가 손에 잡히고 눈에 보인다면 그것은 상대적 분별 속에 떨어지고 말겠지요. 언어는 둘 이상의 분별을 전제로 하니까 말입니다.

화엄에서는 앞의 것을 중생의 깨달음은 본래적으로 완성되어 있다 하여 본유(本有, 不變, 性起)라 하고, 뒤의 것을 가르침에 의하여 현실적으로 깨달음의 싹이 새로 생겨나온다 하여 수생(修生, 隨緣, 緣起)이라 하지요. 『화엄경』을 바라보는 입장 역시 크게 두 갈래로 변별됩니다.

이통현(?~730)은 인분과 과분이 서로 주고받는(較轍) 입장에서 여래 출현의 입장을 중요시했고, 법장(643~712)은 인분에서는 설할 수 있지만 과분에서는 설할 수 없다는 전제 위에서 중중무진하는 법계를 연기관으로 파악했지요.

성기는 「보왕여래성기품」(60권 화엄)에서 처음으로 사용되고 있습니다. 여래성의 현현 또는 현기인 성기(性起)는 본유인 몸체가 중생심에 나타나 있는 것이지요. 즉 번뇌가 없는 출전(出纏)의 과불(果佛)이 중생심에 현재하는 것입니다.

이는 수행에 의해 비로소 부처가 되는 것이 아니라 중생심 속에 현재 현기해 있는 그대로가 바로 여래의 성기라는 것이지요. '성'은 붓다가 깨달으신 자체이며, 이것을 중생에 대하여 말할 때에는 '일어난다'고 합니다. 그 때문에 '성'은 변하지 않는 본체이며, '기'는 나타나는 작용이라 하지요.

결국 '기'의 작용이 있느냐 있지 않느냐에 따라 불생불멸(眞如門)하느냐, 아니면 찰나생 찰나멸(生滅門)하느냐로 나눠집니다. 모든 것의 근거인 일심 역시 바로 진여와 생멸, 청정과 염오의 두 측면에서 세계를 해명하고 있는 것처럼 말이지요.

그러므로 깨끗한 측면을 중심으로 세계를 인식하느냐 아니면 때 묻은 측면에 치중하여 존재를 인식하느냐에 따라 우리의 업식은 달리 표현됩니다.

법계연기와 달리 여래성기의 측면에서는 완전하고도 청정한 부처님만이 성기한 것이라 합니다. 동시에 중생과 국토가 다 부처라는 불신관으로 보면 우주 만유는 모두 성기라고 할 수 있지요.

화엄의 2조인 지엄(602~668)은 자신의 『공목장』 「성기품」 해설에서 "성기는 일승법계연기의 극치를 밝힘이다. 본래 구경이란 닦아 짓는 것을 떠남이니 (이는) 상을 여읜 까닭이다. 기(起)는 큰 이해와 큰 실행과 분별을 떠난 보리심 속에 있음을 '기'라 한다. 이는 연기성으로 말미암아 '기'라고 하지만, '기'는 곧 불기(不起)이며, 불기는 곧 성기(性起)이다"라고 말합니다. 본디부터 일어남이 없는 것이 성기라는 것이지요.

법장 역시 그의 『탐현기』에서 "변함이 없는 것(不改)을 성(性)이라 하니 여래의 성기이다. 진리를 '여(如)'라 하고 '성(性)'이라 하며, 작용을 나타내는 것을 '기(起)'라고 하고, '래(來)'라고 하니 곧 여래가 성기이다"라고 말합니다. 그는 여래의 체성을 불개(不改)라 하고, 진리는 여래의 법을 드러내는 것으로 보지요. 다시 말해서 법장은 진리를 여래의 덕용이라 하고, 이는 곧 성기라고 말합니다.

연기와 성기를 변별해서 말하는 것은 우리네 삶의 모습이 그렇기 때문입니다. 해당 존재가 원인과 결과에 매여 있느냐(有爲法) 매여 있지 않느냐(無爲法)에 따라 분기된 것이지요. 즉 우리의 삶의 세계를 차별을 중심으로 원리를 볼 것(법계연기)이냐, 혹은 원리를 중심으로 차별을 볼 것이냐(여래성기)에 따라 달라지는 것과 같습니다.

이는 곧 우리네 삶을 엑스축을 중심으로 와이축을 볼 것(橫盡法界)이냐, 또는 와이축을 중심으로 엑스축을 볼 것이냐(竪盡法界)로도 해명되지요. 성기는 시간(無盡, 실천)의 축 위에서 공간의 축을 보려는 절대의 입장이며, 연기는 공간(重重, 이론)의 축 위에서 시간의 축을 보려는 상대의 입장입니다.

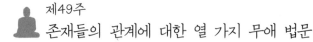

十玄緣起
십현연기

이 세계는 둘 이상의 존재들이 저마다 관계를 맺으며 펼쳐져 있습니다. '나'라는 1인칭과 '너'라는 2인칭 그리고 '그'라는 3인칭의 '사이'를 '너머' 그 밖의 존재들과 어떠한 관계를 맺으며 존재하지요. 존재와 존재 사이를 이어주는 관계는 소통을 위한 대전제입니다. 소통이 이뤄지지 않는다면 그 관계는 바른 관계가 아니겠지요. 관계는 반드시 '사이'를 전제하기 때문입니다. 그렇다면 각 존재들은 어떤 관계를 맺고 어떻게 자리하고 있을까요.

우선 가까이로는 우리의 가족관계 속에서도 알 수 있습니다. 나를 비롯하여 위로는 아버지와 그 형제들과 사촌들, 할아버지와 그 형제들과 사촌들, 증조할아버지와 그 형제들과 사촌들, 고조할아버지와 그 형제들과 사촌들 등이 있지요.

아래로는 내 형제들과 아이들, 나의 아내와 그 형제들, 그리고 그 형제들의 새로운 형제들 등등의 족보를 보아도 몇 촌에 몇 촌을 따지기가 쉽지 않을 겁니다. 지역에 따라 차이가 있겠지만 적어도 친가든 외가든 8촌 안쪽이라면 아직은 남이라는 생각을 가지고 있지는 않겠지요.

왜냐하면 부모님들 혹은 조부모님을 통해서 오늘 여기에서 나와 인연 맺고 있는 친척들과의 관계망을 풀어낼 수 있기 때문입니다. 이처럼 나를 둘러싼 무수한 친척의 인연들은 저마다 어떠한 관계를 맺고 있습니다. 무촌인 부부로부터 1촌을 거쳐 2촌 및 3촌 그리고 4촌 및 5촌 등을 거쳐 관계들을 맺어감으로써 비로소 하나의 커다란 문중을 형성하지요.

친가든 외가든 나−아버지−조부−증조부−고조부와 같이 종적 관계로만이 아니라 나−형제−이종사촌−고종사촌 등과 같이 횡적 관계로 보면 어떻게 될까요? 횡적 관계로의 전환은 존재와 존재의 관계로의 전이겠지요.

화엄에서는 상즉(상호동일)하고 상입(상호투영)하는 사사무애의 법계연기를 보다 구체적으로 설명하여 십현연기와 육상원융으로 해명하고 있습니다. 십현연기는 십현연기무애법문(十玄緣起無碍法門)의 약칭이지요. 이 말의 뜻은 말 그대로 존재와 존재의 관계에 대한 열 가지 무애 법문을 말합니다.

여기서 10이라는 숫자는 완전한 수 내지 원만한 수(滿數)를 말하지요. '현'은 '깊고 그윽한'(深玄) 혹은 '가물가물한'의 뜻을 지니고 있습니다. '문'은 사사무애의 법문이란 뜻이지요. 화엄종에서는 온갖 법하나하나가 고립된 존재가 아니며 낱낱이 하나를 취하면 어느 것이든지 모두 온전한 하나(全一)의 관계가 있다고 보지요.

그리고 이러한 관계를 열 가지 부문으로 관찰하여 십현문이라 했습니다. 지엄의 제자 법장이 스승 지엄의 설을 계승하면서 두 문에 변형을 가하였지요. 그래서 지엄이 세운 것을 '구(舊) 십현'이라 하고, 지엄의 구 십현을 수정하여 법장이 세운 것을 '신(新) 십현'이라 합니다.

이 열 가지 무애 법문은 ① 십현연기의 총설이자 모든 존재가 열가지 뜻을 동시에 갖추어 상응하는 동시구족상응문(同時具足相應門), ② 인연에 의해 생긴 제법에는 각기 넓고 좁음이 있으면서도 걸림이 없는 광협자재무애문(廣狹自在無碍門=諸藏純雜具德門: 舊), ③ 부분과 전체가 같지 않으면서도 서로를 받아들이는 일다상용부동문(一多相容不同門), ④ 모든 요소들이 상즉하여 자재하는 제법상즉자재문(諸法相卽自在門), ⑤ 숨은 것과 드러난 것이 함께 이루어져 있는 은밀현료구성문(隱密顯了俱成門), ⑥ 하나와 여럿이 상즉하고 미세한 것이 서로 용납하여 편안히 정립되는 미세상용안립문(微細相容安立門), ⑦ 제석천궁의 보매망의 구슬마다 일체 구슬이 비치어 중중무진하는 인다라망경계문(因陀羅網境界門), ⑧ 구체적 사태에 의탁하여 진리를 드러내어 사람들에게 이해하는 지혜를 내게 하는 탁사현법생해문(託事顯法生解門), ⑨ 십세의 격한 법마다 다르게 성취하는 십세격법이성문

(十世隔法異成門), ⑩ 주체와 객체가 서로 비추고 함께 덕을 갖추는 주반원명구덕문(主伴圓明具德門=唯心廻轉善成門: 舊)입니다.

법장은 「금사자장」에서 '금'과 '사자'의 무애 관계를 또렷이 펼치고 있습니다. 십현연기는 존재와 존재의 상즉 상입하는 사사무애의 법계연기를 체계적으로 관찰한 것이지요.

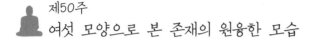

제50주
여섯 모양으로 본 존재의 원융한 모습

六 육
相 상
圓 원
融 융

이곳에 한 채의 기와집이 있습니다. 이 집은 절집일 수도 있고 가정
집일 수도 있지요. 여기서는 그냥 전통적인 한옥이라고 해두겠습니
다. 중국 화엄의 집성자 법장은 이 기와집을 비유로 하여 18가지 문
답으로 육상을 밝히고 있습니다. 육상은 『화엄경』에서 처음 사용된
개념입니다. 그 용례도 처음에는 총상(總相), 별상(別相), 유상(有相),
무상(無相), 유성(有成), 유괴(有壞)로 되어 있었고, 각 상의 의미는 교
설되어 있지 않았지요.

경설로서의 육상을 적출하여 보다 정교하게 가공해 냄으로써 원
융한 화엄 세계를 드러낸 이들은 세친 – 법장 – 징관 – 종밀 등입니다.
세친은 총상 내지 괴상을 '마음이 증장함'을 벼리로 내세워 마음을
증장케 하는 보살행을 방편행으로 규정하고 있지요. 이후 중국 화엄

가들은 세친의 십지 보살도와 보살행의 육상방편을 원용하여 진전된 육상설을 입론시키고 있습니다.

종래 육상의 관계에 대해서는 중국의 여러 학승들이 다양한 논의들을 전개했습니다. 그 논의들은 결과적으로 중국 화엄 담론의 외연을 넓히는 계기가 되었고, 중국사상사에서 화엄의 위상을 드높이게 되었지요. 앞에서 언급한 이 집은 일 장 이 척(丈二)의 서까래와 일 척의 기와, 팔 척의 기둥과 널판을 사용한 이십 보의 기와집입니다. 이 집은 크게 전체 모습(總相), 각자 모습(別相), 같은 모습(同相), 다른 모습(異相), 완성된 모습(成相), 파괴된 모습(壞相)으로 설명할 수 있습니다.

법장은 이것을 서로 대립되는 총변, 동이, 성기 세 쌍의 대립되는 개념이나 모습은 저마다 원융 무애한 관계에 놓여 있어 하나가 다른 다섯을 포함하면서도 또한 여섯이 그 나름의 모습을 잃지 않음으로써 법계연기가 성립한다는 설로 건립했습니다. 이것은 존재에 대한 여섯 가지 모습을 낱낱이 드러내는 방식이지요.

'전체의 모습'은 존재하는 모든 법을 하나의 몸체로 보아 관찰하는 평등 무차별의 부문을 말합니다. 이를테면 가옥 전체를 그냥 한 집으로 보는 것과 같은 관점이지요. '각각의 모습'은 부분적으로 관찰하는 차별적 부문을 말합니다. 마치 가옥을 조성하는 기둥과 기와와 돌 등을 낱낱이 떼어서 보는 관점이지요.

'같은 모습'은 낱낱의 차별이 동일한 목적을 향하여 서로서로 협력

하고 조화하여 하나의 집을 이루는 것을 말합니다. 이것은 마치 기둥과 들보 등의 부분이 협력하고 조화하여 하나의 집을 이루는 것과 같지요. '다른 모습'은 낱낱이 제각기 본위를 지켜 피차의 고유한 상태를 잃지 않고 서로 다른 점을 지니고 있는 것입니다. 이를테면 기둥은 세로(竪)로, 들보는 가로(橫)로 제각기 본분을 지키어 서로 다름과 같은 것이지요.

'완성된 모습'은 낱낱이 서로 의지하여 동일한 몸체의 관계를 이룬 것입니다. 마치 기둥과 들보가 서로 의지하여 하나의 집을 이루는 것과 같은 것이지요. '파괴된 모습'은 낱낱이 어떤 일체인 관계를 지녔으나 오히려 각자의 본위를 잃지 않는 것입니다. 마치 기둥과 들보가 서로 의지하여 하나의 집을 이루면서도 각자의 모습을 지켜 그 본분을 잃지 아니함과 같은 것이지요.

그래서 법장은 "하나가 많은 덕을 포함하는 까닭에 총상이라 하고, 많은 덕이 하나가 아닌 까닭에 별상이라 하며, 별은 총을 의지하여 그 총을 만족시키며 많은 뜻이 서로 위배되지 아니하여 하나인 총을 이루므로 동상이라 하고, 많은 뜻이 서로를 대함에 각기 다른 까닭에 이상이라 하며, 이 모든 뜻을 말미암아 연기가 이루어지는 까닭에 성상이라 하고, 모든 뜻이 각기 자기 자리에 머물러 이동하지 않는 까닭에 괴상이라 한다"라고 말하고 있습니다.

이처럼 총별, 동이, 성괴의 세 쌍은 존재가 지니고 있는 원융한 모습을 여섯 가지로 파악한 것이지요. 이 육상설은 어떠한 존재도 홀로

존재할 수 없음을 잘 보여줍니다. 그리고 여섯 가지 모양들이 서로
서로 '무애'하고 '원융'하게 존재한다는 사실은 곧 모든 것을 다 아우
르는 화엄의 특징이겠지요.

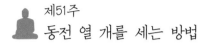

數_수
十_십
錢_전
法_법

우리의 삶은 씨줄(가로)과 날줄(세로)을 바디질하여 짜내는 피륙(옷
감)에 비유됩니다. 삶의 시공 속에서 '온갖 굴욕을 지불하기'도 하고
'온몸을 던지기'도 하지요. 하지만 삶은 인과법을 벗어나는 일이 없
습니다. 우리의 삶에는 가로로 펼쳐진 끝없는 지평을 향해 뚜벅뚜벅
걸어가려는 측면과 세로로 펼쳐진 끝없는 하늘을 향해 거듭거듭 올
라가려는 측면이 있지요. 호모 에렉투스가 직립의 자세로 다함없이
(無盡) 걸어가거나 발바닥으로부터 머리끝까지 켜켜이(重重) 올라가
는 것에서 우리의 삶은 시작됩니다.

우리가 시간의 지평으로 나아가든 공간의 지평으로 올라가든 모
두가 우리 삶의 콘텐츠를 채워가는 것이지요. 이처럼 우리의 삶은 가
로(橫盡)와 세로(竪盡), 상입(相入)과 상즉(相卽)의 삼투로 이뤄집니다.

'중중'이 하나 속에 전체를 총섭하는 것이라면, '무진'은 나머지 문 모두가 전체를 총섭하는 것이지요.

'동전 열 개의 비유'는 진역 『화엄경』「야마천궁보살설게품」의 것을 중국 화엄의 2조 지엄(602~668)이 그의 『수현기』에서 제기한 것입니다. 의상은 이것을 계승 발전시켜 상호동일과 상호투영의 상승 교리로 정착시켰지요. 그는 이를 즉문(卽門)과 중문(中門)으로 이분한 뒤 중문을 향상래(1)와 향하거(10)로, 다시 즉문을 향상거(向上去, 1)와 향하래(向下來, 10)로 나누었지요.

다시 중문의 향상래(向上來)는 1중 10으로, 향하거(向下去)는 '10중 1로' 나눈 뒤, 즉문의 향상거는 '1즉 10'으로, 향하래는 '10즉 1'로 배대했습니다. 이러한 분과는 이체와 동체의 두 문으로 나눠 이체문에는 상입과 상즉을, 동체문에는 일중다(一中多)와 다중일(多中一), 일즉다(一卽多)와 다즉일(多卽一)을 짝지은 법장과는 다른 것이지요.

법장은 다시 이체문의 상입에는 향상수(1)에 '1중 10'을, 향하수(10)에 '10중 1'로 짝지었습니다. 또 이체문의 상즉에는 향상거(1)에 '1즉 10'을, 향하래(10)에 '10즉 1'을 배대했지요. 다시 동체문의 일중다(1)에 '1중 10'을, 다중일(10)에 '10중 1'을, 일즉다(1)에 '1즉10'을, 다즉일에 '10즉 1'을 짝지었습니다.

원효 역시 향상거와 향하래 두 문으로 나눈 뒤 다음과 같이 말하였습니다.

"'세어서 올라가는 데'에는 열 개의 문이 있다. 첫째는 하나이니,

그 까닭은 만일 하나라고 하는 것이 없다면 둘이 성립할 수 없기 때문이다. 나아가 열 번째는 하나에 즉(卽)한 열이니, 그 까닭은 만일 하나란 것이 없다면 열이 성립할 수 없기 때문이다. 연(緣)에 의해 이루어지기 때문이다.

'세어서 내려오는 데'에도 또한 열 개의 문이 있다. 첫째는 열이니, 그 까닭은 열이 없으면 아홉이 성립할 수 없기 때문이다. 나아가 열 번째는 열에 즉한 하나이니, 그 까닭은 만일 열이 없으면 하나도 성립할 수 없기 때문이다. 나머지는 이것에 준하여 알 수 있다. 그러므로 하나하나의 동전 가운데 모두 열 개의 문을 갖추어서 각기 서로 상즉함과 같이, 일체의 모든 법도 또한 이와 같아서 하나와 전체가 더불어 서로 연기하여 일즉일체(一卽一切) 일체즉일(一切卽一)임을 알아야 한다.

이 동전을 세는 법은 지엄(智儼) 법사가 시작한 것인데 또한 도리가 있기 때문에 그것을 취하는 것이니, 이것으로 말미암기 때문에 이제 하나란 열에 포섭된 하나라는 것을 알게 된다. 간략하게 처음과 끝을 들어서 하나라 하고 열이라 하여 시작하는 문의 처음으로 삼지만, 하나에 포섭된 것은 열 개의 문이 마찬가지이니, 이른바 열이라고 하는 것은 열이 하나에 포섭되어 있는 것이다."

여기서 '하나'는 자성이 있는 하나가 아니라 연(緣)으로 이루어진 하나이기 때문에 일체의 자연수가 이미 그 속에 성립되어 있다는 것을 의미합니다. 그 때문에 일체라는 수에서 하나, 즉 일연(一緣)을 빼면 일체가 성립될 수 없게 되지요.

화엄에서는 몸과 마음의 본체인 법계를 '1중의 10'(向上來)으로 보느냐 '10중의 1'(向下來)로 보느냐가 중요합니다. 균여는 "생사를 버리고 열반을 향하면 향상래이며, 열반을 버리고 생사를 향하여 중생을 교화하면 향하거"라고 했습니다. 이처럼 수십전유는 앎의 양식과 삶의 방식을 보여줍니다. '십지유(十地喩)'나 '십층십탑유(十層十塔喩)'도 마찬가지입니다.

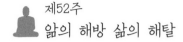
普賢行願 ^보^현^행^원

연기의 발견을 통해 생사윤회의 문제를 해결한 붓다의 가르침은 보편타당한 진리로서 자리합니다. 그의 가르침은 어느 시간 어느 공간에서도 불멸의 진리로서 공유되고 있습니다. 그 때문에 붓다의 가르침 앞에서는 '크리스천'이니 '이슬람인'이니 '유교인'이니 '천도교인'이니 하는 분류는 의미가 없다고 할 수 있습니다. 어떠한 전제와 근거를 다 벗어 던지고 눈앞에 펼쳐져 있는 사실을 '있는 그대로' 바라보게 되면 그들도 다 받아들일 수 있는 가르침이기 때문입니다.

그럼에도 불구하고 이러한 생각은 제가 불교도이기에 그렇게 말하는 것이라는 비판으로부터 벗어날 수는 없을 것입니다. 아직도 붓다의 가르침을 비방하거나 그 한계를 찾기 위해 불철주야 노력하는 사람들이 있기 때문입니다. 그들은 아마도 그들이 믿고 있는 교조의 가르침이 가장 보편타당한 진리라고 믿을 것입니다. 그 때문에 저는 붓다의 가르침'만'이 가장 보편적이고 타당한 진리라고 강변하지는 않으려고 합니다.

진리는 진리라고 명명하는 순간 이미 진리로부터 십만 팔천 리 벗어나기 때문입니다. 그런 점에서 진리는 생명체와도 같은 것이라 할 수 있을 것입니다.

우리는 역사와 문화의 다양성을 인정하는 시대에 살고 있습니다. 그 때문에 내가 믿는 가치 체계가 옳다면 남이 믿는 가치 체계도 옳을 수 있다고 인정하는 열린 자세가 요구됩니다. 물론 해당 공간의 우주관이나 세계관에 따라 가치 체계의 범주나 지향이 다를 수 있지만 말입니다.

또 자신의 믿음 체계가 비교하려는 그 어떠한 것보다 클 수도 넓을 수도 있습니다. 그러므로 어느 하나의 가치만이 절대적으로 옳다거나 유일한 것이라고 주장하는 태도는 매우 위험한 것입니다. 우리에게는 어떠한 종교나 가치를 막론하고 호모 에렉투스의 직립 보행이래 공유하고 있는 문제의식이 있습니다.

그것은 여러 철학과 종교 등이 말해온 것처럼 '인간이 죽는다'는 사실일 겁니다. 현생에서 살다가 내가 죽는다는 이 사실로부터 자유로운 존재는 없습니다.

그렇다면 이 죽음으로부터 자유로울 수 있는 길은 없을까요? 죽음으로부터 영원히 벗어나 자유롭게 살거나 아니면 죽음에 구애받지 않고 즐겁게 살 수는 없을까요?

불교의 출발은 바로 여기에 있습니다. 붓다의 화두는 죽음을 비롯한 태어남, 늙어감, 병들어감 등의 고통을 벗어나는 것이었습니다. 그는 상속이 가능했던 '권력'과 '재력'을 버리고 숲속에 가부좌를 틀고 앉았습니다.

그리하여 그는 자기와의 싸움을 통해 '매력'을 얻었습니다. 그 매력의 내용은 바로 죽음 등의 고통을 벗어나는 지혜였습니다. 그 지혜는 바로 '연기'와 '중도'였습니다.

붓다는 "연기법은 내가 만든 것도 아니요, 또한 다른 사람이 만든 것도 아니다. 그러므로 그것은 여래가 세상에 나오거나 세상에 나오지 않거나 법계에 항상 머물러 있다. 저 여래는 이 법을 스스로 깨닫고 바른 깨달음을 이룬 뒤에 모든 중생들을 위하여 분별하고 연설하고 개발하여 드러내 보이신다"라고 했습니다.

그의 가르침은 형성된 것은 모두 변화하고, 연기한 것은 모두 '나'가 없다는 것이었습니다. 무상과 무아의 진리를 통해 우리는 '나'라는 울타리를 넘어설 수 있는 계기를 확보했습니다. 그 결과 우리는 오늘의 내가 존재할 수 있는 것은 알지 못하는 무수한 타자들의 도움과 협동에 의해서라는 사실을 깨닫게 되었습니다.

선재동자는 진리를 찾아 53명의 선지식을 두루 찾아뵈었습니다. 마지막 길에서 그는 보현보살을 만나 열 가지 큰 원을 듣고 아미타불 국토에 왕생하여 입(入)법계의 지원(志願)을 채우게 됩니다. 보현보살이 해준 마지막 법문의 클라이맥스는 화엄의 정수이자 불교의 벼리이며 휴머니즘의 극치입니다.

"내 살갗을 벗겨 종이로 삼고(剝皮爲紙)/ 내 뼈를 쪼개 붓을 삼으며(析骨爲筆)/ 내 피를 뽑아 먹물로 삼아(刺血爲墨)/ 경전을 베껴 써서(書寫經典)/ 수미산만큼 쌓더라도(積如須彌)/ 진리를 소중히 여기므로(爲重法故)/ 내 몸과 목숨을 아끼지 아니한다.(不惜身命)"

이 구절 앞에서 무슨 말이 더 필요하겠습니까? 앎의 관찰을 넘어 삶의 관찰 위에서 비로소 알게 되고, 하게 되고, 누리게 되는 것이 곧 불교입니다.

참고문헌

가마다 시게오, 정순일 역, 『중국불교사』, 경서원, 1985.

가지야마 유이치, 권오민 역, 『인도불교철학』, 민족사, 1990.

고영섭 편, 『한국의 사상가인: 원효』, 예문서원, 2002.

고영섭, 『연기와자비의 생태학』, 연기사, 2001.

고영섭, 『원효, 한국사상의 새벽』, 한길사, 1997.

고영섭, 『원효탐색』, 연기사, 2001.

고영섭, 『한국불교 서명 문아(圓測)학통 연구: 문아대사』, 불춘추사, 1999.

고영섭, 『한국불학사: 신라시대 편』, 연기사, 2002.

길희성, 『인도철학사』, 민음사, 1985.

김동화, 『구사학』, 보련각, 1975.

김동화, 『유식철학』, 보련각, 1980.

김잉석, 『화엄학개론』, 법륜사, 1975.

나라 야스아키, 정호영 역, 『인도불교』, 민족사, 1995.

다케무라 마키오, 정승석 역, 『유식의 구조』, 민족사, 1995.

뤄칭, 각소 역, 『중국불교학강의』, 민족사, 1992.

사쿠라베 하지메·우에야마 슌페이, 정호영, 『아비달마의 철학』, 민족사, 1993.

야나기다 세이잔, 안영길·추만호 역, 『사선의 사상과 역사』, 민족사, 1993.

야스이 고사이, 김성환 역, 『중관사상의 연구』, 홍법원, 1989.

우에다 요시부미, 박태원 역, 『대승불교의 사상』, 민족사, 1992.

운허 용하, 『불교사전』, 동국역경원, 1984.

전관응 감수, 『불교학대사전』, 홍법원, 1990.

전해주, 『화엄의 세계』, 민족사, 1995.

케네스 첸, 박해당 역, 『중국불교』1. 2, 민족사, 1995.

타무라 시로우, 이영자 역, 『천태법화의 사상』, 민족사, 1990.

프란시스 쿡, 문찬주 역, 『화엄불교의 세계』, 장승, 1995.

한자경, 『유식무경』, 예문서원, 2002.

핫도리 마사아키, 이만 역, 『인식과 초월』, 민족사, 1993.

히라가와 아키라, 이호근 역, 『인도불교의 역사』1. 2, 민족사, 1990.

C. C. 츠앙, 이찬수 역, 『화엄철학』, 경서원, 1995.

찾아보기

저자 소개

고영섭 (동국대학교 불교학과 교수)

동국대학교 불교학과와 같은 학교 대학원 석박사과정을 졸업하고 고려대학교 대학원 철학과 박사과정을 수료하였다. 고려대학교 민족문화연구원 연구교수를 역임하였고 현재는 동국대학교 세계불교학연구소 소장과 한국불교사학회 한국불교사연구소장을 맡고 있다. 저서로는 『원효, 한국사상의 새벽』, 『원효탐색』, 『한국의 사상가 원효』(편저), 『분황 원효』, 『삼국유사 인문학 유행』, 『한국불학사』(1~3), 『한국불교사연구』, 『한국불교사탐구』, 『역경학 개론』(공저), 『분황 원효의 생애와 사상』, 『불학과 불교학』, 『한국사상사』 등이 있다. 논문으로는 「분황 원효의 화회논법 탐구」, 「지눌의 진심사상」, 「휴정의 선심학」, 「경허의 조심학」, 「만해 한용운의 일본인식」 등이 있다. 한국불교와 동아시아불교(유식, 기신, 화엄, 선) 사상사를 연구하고 있으며 시인과 문학평론가로도 활동하고 있다.

저자는 오랫동안 인문정신의 활성화를 위해 인문학으로서 불교학, 사상사로서 불교사상사, 지혜의 보물창고로서 불교지혜론을 궁구하면서 저자와 독자, 학자와 대중과의 소통과 대화를 통한 인문학의 전문성과 대중성의 통로를 모색해오고 있다.

불교입문: 불교로 들어가는 문

초판발행 2016년 8월 2일
초판 2쇄 2018년 4월 10일

저　　　자 고영섭
펴　낸　이 김성배
펴　낸　곳 도서출판 씨아이알

책임편집 박영지, 김동희
디　자　인 송성용, 윤미경
제작책임 김문갑

등록번호 제2-3285호
등　록　일 2001년 3월 19일
주　　　소 (04626) 서울특별시 중구 필동로8길 43(예장동 1-151)
전화번호 02-2275-8603(대표)
팩스번호 02-2265-9394
홈페이지 www.circom.co.kr

ＩＳＢＮ 979-11-5610-244-1 93220
정　　　가 14,000원

무원이다. 그리고 다른 영역의 공무원들이 민원 처리 과정에서 민원인으로부터 폭행, 모욕 등의 피해를 입는 것처럼 교사도 유사한 피해를 당하고 있다. 사회가 민주화되어 국민이 교육행정기관에 자유롭게 의견을 제시할 수 있는 것에는 긍정적인 측면이 있으나, 지금은 자신의 뜻대로 되지 않았을 때 담당 공무원인 교사를 폭행할 정도로 정도가 지나치기 때문에 교사를 보호하기 위한 법적 조치가 필요한 상황이다.

특히 학교는 미성년자인 학생들이 공부하는 장소로, 학생과 교사의 안전이 보장되어야 한다. 그런데 이 장의 판례들을 보면 교사뿐만 아니라 학생, 행정실 직원, 교장에게까지 폭력을 행사했던 학부모가 처음 그러한 행동을 했을 때 출입이 제한되지 않아 여러 번 상습적으로 폭력을 가하는 양상이 보인다. 따라서 한 번이라도 교내에서 폭력을 행사했던 사람이라면 학교 출입 제한을 가능하게 해주는 등의 입법이 필요해 보인다.

이 장에서 적용된 법률 조항

형법

제20조(정당행위) 법령에 의한 행위 또는 업무로 인한 행위 기타 사회상규에 위배되지 아니하는 행위는 벌하지 아니한다.

제62조(집행유예의 요건) ① 3년 이하의 징역이나 금고 또는 500만원 이하의 벌금의 형을 선고할 경우에 제51조의 사항을 참작하여 그 정상에 참작할 만한 사유가 있는 때에는 1년 이상 5년 이하의 기간 형의 집행을 유예할 수 있다. 다만, 금고 이상의 형을 선고한 판결이 확정된 때부터 그 집행을 종료하거나 면제된 후 3년까지의 기간에 범한 죄에 대하여 형을 선고하는 경우에는 그러하지 아니하다.

제136조(공무집행방해) ① 직무를 집행하는 공무원에 대하여 폭행 또는 협박한 자는 5년 이하의 징역 또는 1천만원 이하의 벌금에 처한다.

② 공무원에 대하여 그 직무상의 행위를 강요 또는 조지하거나 그 직을 사퇴하게 할 목적으로 폭행 또는 협박한 자도 전항의 형과 같다.

제260조(폭행, 존속폭행) ① 사람의 신체에 대하여 폭행을 가한 자는 2년 이하의 징역, 500만원 이하의 벌금, 구류 또는 과료에 처한다.

③ 제1항 및 제2항의 죄는 피해자의 명시한 의사에 반하여 공소를 제기할 수 없다.

제283조(협박, 존속협박) ① 사람을 협박한 자는 3년 이하의 징역, 500만원 이하의 벌금, 구류 또는 과료에 처한다.

제307조(명예훼손) ① 공연히 사실을 적시하여 사람의 명예를 훼손한 자는 2년 이하의 징역이나 금고 또는 500만원 이하의 벌금에 처한다.

제310조(위법성의 조각) 제307조 제1항의 행위가 진실한 사실로서 오로지 공공의 이익에 관한 때에는 처벌하지 아니한다.

제311조(모욕) 공연히 사람을 모욕한 자는 1년 이하의 징역이나 금고 또는 200만원 이하의 벌금에 처한다.

제314조(업무방해) ① 제313조의 방법 또는 위력으로써 사람의 업무를 방해한 자는 5년 이하의 징역 또는 1천500만원 이하의 벌금에 처한다.

헌법

제31조 ① 모든 국민은 능력에 따라 균등하게 교육을 받을 권리를 가진다.

② 모든 국민은 그 보호하는 자녀에게 적어도 초등교육과 법률이 정하는 교육을 받게 할 의무를 진다.

③ 의무교육은 무상으로 한다.

초·중등교육법

제12조(의무교육) ① 국가는 「교육기본법」 제8조 제1항에 따른 의무교육을 실시하여야 하며, 이를 위한 시설을 확보하는 등 필요한 조치를 강구하여야 한다.

② 지방자치단체는 그 관할 구역의 의무교육대상자를 모두 취학시키는 데에 필요한 초등학교, 중학교 및 초등학교·중학교의 과정을 교육하는 특수학교를 설립·경영하여야 한다.

제13조(취학 의무) ① 모든 국민은 보호하는 자녀 또는 아동이 6세가 된 날이 속하는 해의 다음 해 3월 1일에 그 자녀 또는 아동을 초등학교에 입학시켜야 하고, 초등학교를 졸업할 때까지 다니게 하여야 한다.

② 모든 국민은 제1항에도 불구하고 그가 보호하는 자녀 또는 아동이 5세가 된 날이 속하는 해의 다음 해 또는 7세가 된 날이 속하는 해의 다음 해에 그 자녀 또는 아동을 초등학교에 입학시킬 수 있다. 이 경우에도 그 자녀 또는 아동이 초등학교에 입학한 해의 3월 1일부터 졸업할 때까지

초등학교에 다니게 하여야 한다.

③ 모든 국민은 보호하는 자녀 또는 아동이 초등학교를 졸업한 학년의 다음 학년 초에 그 자녀 또는 아동을 중학교에 입학시켜야 하고, 중학교를 졸업할 때까지 다니게 하여야 한다.

교육공무원법

제10조의4(결격사유) 다음 각 호의 어느 하나에 해당하는 사람은 교육공무원으로 임용될 수 없다.

3. 성인에 대한 「성폭력범죄의 처벌 등에 관한 특례법」 제2조에 따른 성폭력범죄 행위로 파면·해임되거나 100만원 이상의 벌금형이나 그 이상의 형 또는 치료감호를 선고받아 그 형 또는 치료감호가 확정된 사람(집행유예를 선고받은 후 그 집행유예기간이 지난 사람을 포함한다)

성폭력범죄의 처벌 등에 관한 특례법

제2조(정의) ① 이 법에서 "성폭력범죄"란 다음 각 호의 어느 하나에 해당하는 죄를 말한다.

3. 「형법」 제2편제32장 강간과 추행의 죄 중 제297조(강간), 제297조의2(유사강간), 제298조(강제추행), 제299조(준강간, 준강제추행), 제300조(미수범), 제301조(강간등 상해·치상), 제301조의2(강간등 살인·치사), 제302조(미성년자등에 대한 간음), 제303조(업무상위력 등에 의한 간음) 및 제305조(미성년자에 대한 간음, 추행)의 죄

33 교사의 수업 방해

🔨 사실관계

① 2011년 ○○초등학교에서 교사 A(여, 57세)는 1학년 1반 담임교사, 교
사 B는 1학년 2반 담임교사였고, 교사 C도 해당 학교 교사였다. 학생 D
는 1학년 1반 학생, 학부모 E는 학생 D의 아버지였다. 학부모 E는 2011
년 5월 16일 오전 8시 15분경, 1학년 1반 교실에서 교사 A에게 "D에게
어떻게 했어. D 머리채를 잡고 흔들었어"라고 소리를 질렀다. 이에 교사
A가 교실에 있던 학생들에게 "얘들아 너희들 선생님이 D 혼낸 적 있니"
라고 묻자 학생들이 "아니요."라고 대답을 하였음에도 교사 A에게 "병
신 같은 년, 양아치 같은 년"이라고 학생들이 지켜보는 가운데 욕설을 하
여 수업을 할 수 없도록 하였다. 또한 학부모 E는 2011년 8월 30일 오전
8시 30분경, 위 교실에서 학생들이 교사 A로부터 수업을 받고 있던 중에
A에게 "야 씨발년아 왜 애한테 벌을 줘, 너 죽어. 만약 우리 애 괴롭히면
발로 짓밟아 죽일 거야"라고 욕설을 했다. 교사 A가 교실에 있던 학생들
에게 "얘들아 선생님이 D에게 벌 주었니"라고 묻자 학생들이 "아니요."
라고 대답을 하였음에도, 학부모 E는 "야 씨발년아. 니가 벌 주었잖아.
이 씨발년이 지랄이야. 이 년 순 악질이네. 이 순 악질 같은 년아, 니 년이
때리고 벌 줬잖아."라며 학생들이 지켜보는 가운데 교사 A에게 욕설을
하며 수업을 할 수 없도록 하였다.

② 학부모 E는 2011년 6월 30일 오전 8시 17분경, ○○초등학교 1학년 2반
교실에서 수업 준비 중이던 학생들에게 아무런 이유 없이 "야 이 새끼들
아, 내 이름을 왜 불러."라고 소리를 질렀다. 이에 놀란 담임교사 B가 "누
구신가요?"라고 묻자, 학생들이 지켜보는 가운데 "넌 뭐야, 씨발년아."

라고 욕설을 하고, 다시 학생들에게 "이 씨발 개새끼들아 왜 남의 이름을 불러. 뭐하는 새끼들이야, 왜 나보고 도망쳐. 이 쌍놈의 새끼들 한번만 더 그러면 죽을 줄 알아."라고 욕설을 하였다. 그러자 교사 B는 아이들에게 욕하지 말라며 이를 제지했고, 학부모 E는 B에게 학생들이 모두 지켜보는 가운데 "미친년 병신같은 게 지랄을 하네. 너 애들 교육 똑바로 시켜. 병신같은 년. 너 같은 게 선생이냐. 못 배워 쳐먹은 년아."라고 욕설을 하며 수업을 할 수 없도록 하였다.

③ 학부모 E는 2011년 9월 2일 오전 8시 27분경, ○○초등학교 중앙현관 입구에서 자신의 딸과 함께 등교하여 현관 안으로 들어가는 것을 제지한다는 이유로 위 학교 교사인 C(40세)의 턱 부위를 1회 밀치고, "학부형이 씨발 교실에 왜 못 들어가, 좆 까고 있네. 꺼져 새끼야. 개새끼들 봐라 쌍놈의 새끼들"이라고 욕설을 하며 다시 손바닥으로 교사 C의 턱 부위를 2회 더 밀쳤다.

그 외에도 학부모 E는 ○○초등학교 내외에서 다수의 교사, 학생, 학부모 등을 폭행 및 상해, 모욕한 죄로 기소되었다.

⚖️ 법원의 판결

제1심
- 대전지방법원 2011고정2775
- 대전지방법원 2012고단821
- 교사 A, B에 대한 모욕, 교사 C에 대한 폭행 인정

제2심
- 대전지방법원 2012노303
- 학생들의 수업업무방해 추가 인정

제3심
- 대법원 2013도3829
- 학생들의 수업업무방해 불인정

🔨 판결 이유

1심

학부모 E가 학생들이 있는 가운데 교사에게 욕설을 한 것은 모욕죄에 해당한다. 또한 학부모 E가 학교 출입을 제지하는 교사를 밀친 것은 폭행죄에 해당한다. 그러나 검사는 학부모 E가 교사 A와 B의 수업을 방해한 행위를 업무방해죄로 기소했는데, 교사 A와 B는 교육공무원으로서 그들이 행하는 수업 업무는 공무원이 직무상 수행하는 공무에 해당하여 이를 업무방해로 볼 수는 없다. 학부모 E는 상습적으로 범행을 저지른 점, 교실에서 수업준비 중인 초등학교 학생들 앞에서 교사를 모욕하는 등 죄질이 불량한 점, 피해자들이 학부모 E의 처벌을 원하는 점, 어린 두 자녀를 양육하고 있는 점 등을 참작하여 징역 1년 6개월, 벌금 70만 원을 선고한다.

(검사는 업무방해가 맞다고, 학부모 E는 교사 A, B에게 욕설을 하지 않았고 C를 밀치긴 했지만 폭행이 아니라고 항소했다.)

2심

1심에서의 증거 및 이후 추가된 증거들에 의하면 학부모 E가 ○○초등학교 학생들의 수업업무를 방해한 사실을 인정할 수 있다. 피해자들과 합의되지 않았고 일부 피해자를 제외한 대부분의 피해자들로부터 용서도 받지 못한 점, 피해자들의 일관되고 명백한 진술이 있음에도 범행을 한 적이 없다고 강변하는 등 반성하는 것처럼 보이지 않는 점, 학부모 E는 폭력행위 범죄로 2회 징역형, 상해죄로 1회 집행유예로 처벌받은 전력이 있는 점 등을 참작하여 징역 1년 6개월, 벌금 70만 원을 선고한다.

(학부모 E는 상고했다.)

3심

형법상 업무방해죄의 보호 대상이 되는 '업무'는 직업 등 사회 생활상의 지위로 인해 계속 종사하는 사무 또는 사업을 말하는 것인데, 초등학생들이 학교에 등교하여 교실에서 수업을 듣는 것은 「헌법」 제31조의 교육을 받을 권리를 행사하는 것 또는 「초·중등교육법」 제12, 13조의 국가나 부모의 의무를 이행하는 것으로 학부모 E의 행위가 업무방해죄에 해당한다고 할 수 없다. 따라서 이 부분 사건을 다시 심리·판단하도록 2심법원에 환송한다.

🚩 교사의 교육활동에 주는 함의

이 판례에서는 검사가 처음부터 학부모 E를 공무집행방해로 기소했으면 인정되지 않았을까 하는 아쉬움이 남는다. 학부모 E는 학생들이 있는 앞에서 교사에게 입에 담지 못할 욕설을 세 번이나 했고, 교사를 밀치기도 했으며, 초등학생을 폭행하기도 했다. 학교는 미성년자인 학생들이 공부하는 곳으로 무엇보다 안전이 확보되어야 한다. 교내에서 폭력을 저지른 사람은 학교의 출입을 제한하는 등의 입법조치가 필요하다고 생각되며, 이러한 일이 발생하면 교사는 적극 신고할 필요가 있다.

34 교사 폭행

사실관계

① 2020~2021년에 ○○초등학교의 교장은 A(여, 61세)였고, B(여, 45세)는 담임교사였으며, C(여, 40세)는 학교폭력 담당 교사, D(36세)와 E(여, 27세)는 행정실 공무원이었다. 학부모 F는 자신의 자녀들이 다니고 있는 ○○초등학교를 상대로 잦은 민원을 제기하는 사람이었다. 학부모 F는 2020년 12월 21일 오후 5시 10분경, ○○초등학교 1층 중앙현관 앞에서 교사 C와 자녀의 학교폭력 문제로 시비하던 중 갑자기 격분하여 양손으로 C의 멱살을 잡아 밀치고 당기며 C를 끌고 다녔다. 이로 인해 교사 C는 약 2주간의 치료가 필요한 우측 고관절 손상을 입게 되었다.

② 학부모 F는 2021년 2월 26일 오후 4시경, ○○초등학교 교장실에서 학교 문자메시지 송수신 불량 및 자신의 자녀에 대한 민원과 관련하여 교장 A, 담임교사 B와 회의를 하던 중 A와 B가 자신의 말을 들어주지 않는다는 이유로 화가 나 담임교사 B에게 "미친년, 또라이년, 정신병자년, 정신병 약을 먹고 수업하는 년"이라고 욕설하면서 대봉투를 B의 얼굴 부위를 향해 던지고, 1.5리터 음료 페트병 1개를 B의 왼쪽 어깨 부위를 향해 던졌다.

③ 학부모 F는 2021년 3월 18일 오후 12시 15분경, ○○초등학교 급식소에서 아무런 이유 없이 갑자기 학생들과 함께 식사하고 있는 교장 A를 향해 "나는 밥을 못 먹었는데, 니는 밥을 쳐먹고 있네."라고 큰소리로 말하면서 들고 있던 1.5리터 페트병으로 교장 A의 식판을 내려친 다음 그녀에게 달려들고, 이에 겁을 먹은 교장 A가 급식소 영양사실로 피하자 계속하여 교장 A를 뒤쫓았다. 그러던 중 학부모 F는 행정실 직원 D가 막아서자 "비켜라, 니는 뭐냐."라고 큰소리를 치면서 양손으로 D를 수회 밀친

다음 손톱으로 그의 손등을 긁었다.

④ 학부모 F는 2021년 3월 18일 오후 12시 20분경, ○○초등학교 본관 1층 행정실에서 "실장 어디 있냐, 왜 여기는 전화를 안 받냐."라고 큰소리를 지르며 행정실 직원 E에게 다가가 1.5리터 페트병으로 때리려고 치켜들고 이에 E가 겁을 먹고 도망하자 E를 뒤쫓아가며 위 페트병을 계속 휘둘러 약 7분 동안 행패를 부렸다.

이외에도 학부모 F는 아파트 주민, 청소노동자, 관리사무소 직원 등에 대한 폭행, 업무방해 등으로 기소되었다.

법원의 판결

제1심	• 창원지방법원 진주지원 2021고단534 • 유죄. 징역 10개월. 집행유예 2년.

판결 이유

학부모 F는 폭력범죄, 공무집행방해 범죄를 반복적으로 저질렀으며, 공무집행방해의 정도가 가볍지 않다. 대부분 피해자들과 합의하거나 피해 회복을 제대로 하지 못하였고, 수사기관에서는 이 사건 범행 중 상당 부분을 부인했다. 그러나 폭행의 정도가 매우 중하다고 보기는 어렵고, 폭행 피해자 중에는 F의 처벌을 원하지 않는 사람도 있었다. 그리고 결국은 F가 이 사건 범행을 모두 인정하고, 정신건강에 문제가 있어 이를 치료하고 있는 것으로 보인다. 또한 동종 범죄로 처벌받은 전력이 없다. 따라서 징역 10개월에 집행유예 2년을 선고한다.

🔨 교사의 교육활동에 주는 함의

학부모 F는 ○○초등학교를 상대로 잦은 민원을 제기했고, 자신이 원하는 바가 관철되지 않으면 교장, 교사, 행정실 직원을 막론하고 욕설을 하며 폭행을 하던 사람이었다. 특히 1.5리터 페트병을 주로 무기로 사용했던 것으로 보인다. 따라서 폭행죄뿐만 아니라 공무집행방해죄로 인정되었다. 그런데 학부모 F의 행위에 비해 형량이 낮아 보인다. 반대로 교사가 학생에게 학부모 F와 같이 행동했으면 아마 판결이 나기 전에 직위해제되어 학생들과 분리 조치되었을 것이다. 그런데 학부모 F의 행위로 인해 교장과 행정실 직원이 공포를 느끼고 도망갈 정도인데도 집행유예가 나왔으니 F는 다시 학교에 출입할 수 있을 것이다. 학교에서 폭력을 행사한 학부모는 학교 출입을 못하도록 제한하는 등의 법적 조치가 필요해 보인다.

35 교사 명예훼손

🔍 사실관계

① A와 B는 □□대학교 △학과 04학번 동기였고, ◇◇대학교 교육대학원도 함께 다녔다. A는 2012년경 술자리에서 만난 여성으로부터 2015년경 준강간 혐의로 고소를 당했으나 고소기간이 지났다는 이유로 '공소권 없음' 처분을 받았다. 당시 B는 교사 A의 연락처를 해당 여성에게 알려주는 등으로 고소 사건에 개입하여 이 사실을 알게 되었다. 그리고 2020년에 A는 ○○고등학교의 체육과목 기간제 교사로 부임했고, B는 같은 학교의 학부모였다.

② 학부모 B는 2020년 3월 4일, 대구광역시교육청 사이트에 교사 A의 채용을 문제 삼는 내용의 민원글을 작성하였고, 2020년 3월 18일에 위 교육청 담당자로부터 「교육공무원법」 제10조의4(결격사유), 「아동·청소년의 성보호에 관한 법률」, 「아동복지법」 및 '성범죄자 취업제한 제도'와 관련하여 교사 A의 경우 채용 결격사유 및 성범죄자 취업제한 대상에 해당되지 않아 채용절차상의 결격문제가 없었다는 내용의 답변을 받았다.

③ 학부모 B는 2020년 3월 2일과 17일에 ○○고등학교 교감에게 연락하여 "교사 A가 과거 범죄로 인해 기소유예된 적이 있다. 학교에서 교사 A에 대한 조치를 취할 것을 희망한다. 채용을 유지하면 다른 방법으로 공론화할 예정이다. 범죄내용이 강간과 관련된 것이다."라는 취지로 민원을 제기하였고, 2020년 3월 25일에 위 교감으로부터 ○○고등학교는 교육청의 판단에 따르기로 결정하였다는 답변을 받았다.

④ 학부모 B는 2020년 3월 30일경, 자신의 휴대폰을 사용하여 교사 A에게 카카오톡으로 다음과 같은 내용의 글과 함께 마치 피해자의 성폭행 사건

에 관한 증거인 것처럼 CD에 'A, 2015.5.13.'라고 기재한 사진을 전송하였다.

A씨, 2015년 당신이 강간사건으로 수사받았던 범죄사실을 알고 있습니다. 운 좋은 처분을 받았다고 안심하면서 학교쪽에서 일하고 있는 것으로 압니다. 그런데 기록을 조회할 수 있는 방법이 있다고 하네요. 현재 ○○고등학교, ◎◎고등학교에서 일하게 된 것으로 아는데, 양심적으로 돈벌이를 하려면 성범죄자 취업제한이 없는 곳에서 하는 게 정상적인 것이겠죠. 꼬리가 길면 밟히듯 학교쪽에 생각 없이 있다 보면 사람들이 본인의 범죄사실을 알게 될 수도 있을 텐데 당장 학교라도 가면 학생들, 학부모들이 알게 될 수도 있겠네요. 그러다 보면 동료들도 알게 될 것이고, 이 일을 아는 사람 중 언론에 알리겠다는 사람도 있습니다. 일이 커지기 전에 본인이 알아서 잘 판단하시기 바랍니다.

⑤ 학부모 B는 2020년 4월 3일경, 자신의 휴대폰을 사용하여 카카오톡 ○○고등학교 채널에 접속한 다음, 위 고등학교 2~3학년 학생 7명으로 구성된 학생자치회가 운영하는 오픈채팅방에 다음과 같은 내용의 글을 작성하였다.

○○고등학교 학생들에게 알립니다. 2020년 ○○고등학교에 계약직 교사로 채용된 체육과목 A씨의 과거 성범죄(강간) 사실을 알리려고 합니다. 체육교사 A씨는 올해 ○○고등학교와 ◎◎고등학교를 겸임근무하는 조건으로 채용이 되었습니다. A씨는 2015년 강간을 저지르고 운 좋게 기소유예라는 처분을 받은 것으로 압니다. 당시 초범 및 반성의 정도가 반영되어 그런 처분을 받

을 수 있는 데 크게 기여했었던 것으로 압니다. 하지만 지금의 법적용(친고죄 폐지)으로는 있을 수 없는 일입니다. 최소 벌금형으로 학교에서는 절대 일할 수 없습니다. 여기서 성범죄 경력에 조회되는 것은 실형(벌금형 이상) 이상 처분되어야만 조회 조건에 해당됩니다. 현실적인 법적용은 생각보다 가벼운 처벌이 되는 경우가 종종 있는데요. 초범의 경우는 폭행이나 성범죄를 저지르더라도 초범 및 반성의 정도, 합의 등을 통해 감형을 받아 실형까지 안 가는 경우가 있습니다. A 교사도 마찬가지의 경우라고 볼 수 있습니다. 쉽게 말해 법의 사각지대에 놓인 경우죠. (중략) 이렇듯 법의 사각지대에서 활개치고 있는 성범죄자들이 생각보다 많기 때문에 큰 범죄들이 발생하는 원인이 되는 것이라 생각이 듭니다. 이 사실을 학부모님, 학교 전체 선생님들께 알리세요. 특히 의식 있는 젊은 선생님들께 알리세요. (중략) 그리고 ◎◎고등학교에도 알려야 합니다. (중략) 참고하시고, 일체의 허위사실은 없습니다.

🔨 법원의 판결

| 제1심 | • 대구지방법원 서부지원 2020고정670
• 유죄. 벌금 300만 원 |

| 제2심 | • 대구지방법원 2021노3295
• 유죄. 벌금 200만 원 |

| 제3심 | • 대법원 2022도12418
• 유죄. 벌금 200만 원 |

🔨 판결 이유

1심

학부모 B가 명예훼손죄, 협박죄를 저지른 것이 인정된다. 학부모 B는 자신의 행위가 공공의 이익에 관한 것이라고 주장하지만, 교사 A가 '기소유예'가 아닌 '공소권없음' 처분을 받았고 이외에 A가 성범죄를 저질렀다고 볼 만한 증거가 없는 상황에서 A의 인사권자에게 알리는 데 그치지 않고 ○○고등학교의 학생들로 구성된 오픈채팅방에 위와 같은 글을 게시한 것은 교사 A의 명예를 훼손한 것이다. 또한 학부모 B가 교사 A에게 보낸 카카오톡의 내용은 A에게 공포심을 일으키기에 충분하고, 주위 사람들이나 언론 등에 알릴지의 여부는 B의 의사에 따라 좌우되므로 해악에 대한 지배가능성도 있어 정당행위로 볼 수 없고 협박에 해당한다.

(학부모 B는 명예훼손과 협박이 아니고 형량이 너무 무겁다고 항소했다.)

2심

사실 적시 명예훼손의 경우, 그 내용이 진실한 사실로서 오로지 공공의 이익에 관한 경우에는 「형법」 제310조에 따라 처벌할 수 없다. 그런데 이는 적시된 사실이 객관적으로 볼 때 공공의 이익에 관한 것일 뿐만 아니라 행위자도 주관적으로 공공의 이익을 위하여 그 사실을 적시한 것이어야 한다. 또한 이는 행위자가 증명해야 한다. 그런데 본 사건에서 학부모 B의 행위는 공공의 이익을 위한 것이라 보기 어렵다. ① 학부모 B는 수사를 받았으나 기소조차 되지 않은 사람에 대하여 그 사실을 공개했다. 아무리 교사 A의 신분에 공적인 측면이 있다고 하더라도 이러한 사실이 낱낱이 공개되어도 좋다고 할 수는 없다. ② 교사 A는 「교육공무원법」 제10조4 제3호의 교육공무원 결격사유에 해당하지 않는다. 그러나 준강간으로 수사받고 불기소처분을 받은 사실이 공개되는 경우 A가 입는 피해의 정도는 가볍지 않다. 또한 이로 인해 '학생들의 건전한 학습 및 교육환경의 제공'이라는 공익이 달성될 수 있을지도 의문이다. ③ 학부모 B가 고등학생들이 있는 채팅방에 이 사건 게시글을 작성할 만한 긴급한 필요성을 찾아보기 어렵다. ④ 학부모 B는 고등학생들에게 교사 A에 대한 과거 수사전력을 외부로 널리 알리고 민원제기 등의 방법으로 A의 채용을 취소하도록 압력을 가할 것을 선동했다. 공익을 위해서는 이러한 방법이 적절하였다고 보기 어렵다. 또한 형법상 '협박'은 공포심을 일으키기에 충분한 정도의 해악을 고지하는 것인데, 불기소처분 여부를 떠나 성범죄로 수사를 받았다고 사람들의 입에 오르내리는 것 자체만으로 교사 A에게는 공포심을 일으킬 만한 것이라고 보아야 한다. 학부모 B는 자신의 행위를 「형법」 제20조의 정당행위라고 주장하나 이는 사회통념에 비추어 용인될 수 있는 행위로 행위의 동기나 목적의 정당성, 행위의 수단이나 방법의 상당성, 보호이익과 침해이익의 법익 균형성, 긴급성, 그 행위 이외의 다른 수단이나 방법이 없다는 보충성 등의 요건을 갖춰야 하는데 학부모 B의 행위는 상당성, 긴급성, 보충성 등의 요건을 갖추었다고 보기 어렵다.

(학부모 B는 상고했다.)

3심

2심 법원의 판결에 잘못이 없어 상고를 기각한다.

🔨 교사의 교육활동에 주는 함의

교사에게는 일반적으로 보다 엄격한 도덕적 잣대가 적용된다. 그렇지만 그와 동시에 교사도 인간이고 국민이며 법의 보호를 받는다. 이 판례의 학부모는 준강간으로 기소되었으나 공소권없음 처분을 받아 법적으로는 교사가 될 수 있는 사람을 학교에서 끌어내기 위해 이를 학생들 단톡방에 폭로했다. 법조항보다 여론이 더 무섭다는 것을 알고 있었기 때문에 이러한 행동을 했을 것이다. 그러나 해당 학부모는 명예훼손과 협박으로 형사처벌을 받았다. 이는 학부모가 교사의 사생활을 이유로 명예를 훼손하는 경우에는 교사도 소송을 제기할 권리를 가진 국민으로서 법적 대응이 가능하다는 것을 보여준다.

마무리하며

　필자가 이 책에서 판례를 근거로 제안한 내용들을 한마디로 정리하면 '법대로, 원칙대로'이다. 어떤 선생님에게는 이러한 제안이 사제 간의 정이 없고 깐깐한 태도로 느껴질지도 모르겠다. 그렇지만 필자는 법과 원칙에 따른 대응이 교사와 학생의 관계에 대한 기본 틀을 설정한다고 생각한다. 학생이 학교에서 무엇은 해도 되고, 무엇은 하면 안 되는지, 교사가 학교에서 무엇은 해도 되고, 무엇은 하면 안 되는지, 지금은 그 선이 흐려져 있는데 그 최소한의 선을 설정하자는 것이다. 그 선이 있어야 학교의 기본 질서가 세워진다. 그리고 그 선 안에서 사제 간의 정을 나누는 것도 충분히 가능하다.

　법은 권력의 자의적 행사를 막는다. 「아동복지법」의 제정은 학교 현장에서 선생님의 자의적 권력 행사를 막는 결과를 낳았다. 그러다 보니 지금은 학교의 권력이 학생과 학부모에게 옮겨 간 느낌이다. 따라서 학생과 학부모의 자의적 권력 행사를 막기 위해 「교원지위법」이 제정되었다. 그렇지만 많은 선생님이 법대로 하는 것은 왠지 교육자로서의 태도가 아닌 것 같아 교권 침해를 당해도 참고 넘어간다. 그리고 그것은 선례가 되어 다른 선생님이 똑같은 일을 당했을 때 참아야 한다는 압박으로 변모한다. 그러나 오랜 법격언은 "권리 위에 잠자는 자는 보호받지 못한다."라는 것이다.

법과 규정은 교육공무원인 교사에게 매우 중요하다. 사기업의 사장님과 직원은 이윤을 목적으로 일하지만, 공무원은 국가와 사회의 유지, 국민의 복리 증진을 위해 일하는 사람으로 그 역할은 결국 법과 규정에 정해져 있다. 즉 사기업에서는 돈을 잘 벌어다 주는 직원이 유능한 직원이지만, 공공기관에서는 법과 규정을 잘 알고 그것에 맞게 일을 능률적으로 처리하는 직원이 유능한 직원이다. 딱딱하고 융통성 없는 '공무원스러움'이 학생들의 마음을 얻는 데 방해가 된다고 생각한 적도 있었다. 그러나 공무원에 대한 편견을 내려놓고 공무원이라는 직업의 본질을 생각해 본다면 합리성을 갖추고 공익을 목적으로 하는 법과 규정대로 행동하는 교사는 학생들이 보기에도 충분히 매력적이다. 따라서 교원 양성에 있어서 교과 지식, 상담심리학뿐만 아니라 교육활동 관련 법에 관한 공부가 꼭 필요하다고 생각한다.

그렇다고 해도 현행법이 모두 옳다는 것은 아니다. 법도 사람이 만든 것이기에 실제 현장에 적용되었을 때 여러 부작용을 낳을 수 있으며, 특히 학교 현장에서는 「아동복지법」의 정서적 학대 규정과 「국가배상법」의 적용이 상식적으로 이해되지 않는 결과를 보여주고 있다. 학생을 열심히 지도했을 뿐인데 정서적 아동학대 범죄자가 되고, 최선을 다해 현장체험학습을 이끌었지만 사고가 났다고 하여 민사상 손해배상 책임을 지라고 한다면 어느 누가 기쁜 마음으로 학생을 지도하고 현장체험학습에 갈 수 있겠는가. 조금 더 선생님들이 마음 편하게 교육활동을 할 수 있도록 법 개정이 필요하다. 이는 결국 정치의 필요성을 함의하며, 선생님들이 학부모들과 동등한 위치에서 정치를 할 수 있도록 정당 가입 등 정치적 기본권을 보장해야 의미 있는 변화가 가능하지 않을까 생각해 본다.

**선생님이 꼭
알아야 할
교육활동
관련 판례**

초판 발행 | 2024년 10월 21일

지은이 | 김찬미
펴낸이 | 김성배
펴낸곳 | 도서출판 씨아이알

책임편집 | 신은미
디자인 | 문정민 엄해정
제작책임 | 김문갑

출판등록 | 제2-3285호(2001년 3월 19일)
주소 | (04626) 서울특별시 중구 필동로8길 43(예장동 1-151)
전화번호 | 02-2275-8603(대표)
팩스번호 | 02-2265-9394
홈페이지 | www.circom.co.kr

ISBN | 979-11-6856-272-1　93370